MIP/L&H
COMPUTER
DICTIONARY
ENGLISH-RUSSIAN

АНГЛО-РУССКИЙ
СЛОВАРЬ
КОМПЬЮТЕРНЫХ
ТЕРМИНОВ

D1719887

Moscow International Publishers
in cooperation with
L&H Publishing Co., Copenhagen

Computer Dictionary
English-Russian

Prepared by the editorial board of Moscow International Publishers on the basis of lexicographic data supplied and edited by the editorial board of L&H Publishing Co.

Published by Moscow International Publishers in cooperation with
L&H Publishing Co., Copenhagen, Denmark
General Editor Jorgen Hoedt
Printed in Norway by Aktietrykkeriet i Trondhjem.

Worldwide copyright:
L&H Publishing Co., Copenhagen, Denmark, and
Jorgen Hoedt, 1994
ISBN 5-900628-01-9 (in CIS and the Baltic States)
ISBN 87-7845-002-0 (outside CIS and the Baltic States)

Introduction

The daily use of computers and other computerized technology implies the reading of comprehensive text quantities in the form of user's guides and instructions as well as software lines on screen. In most cases the acquisition of computer equipment also requires precise understanding of the accompanying setup and installation instructions. As a main rule computer equipment and software is sold solely on the basis of written documentation. Often the quantity of documentation is very comprehensive, and in many cases exclusively written in English.

A primary target group for the Computer Dictionary, English-Russian, is computer users at all levels who are familiar with the above description, and who need a precise understanding of the vast amount of data.

Two other important target groups for the Computer Dictionary are hardware and software producers for whom the need for documentation involves translation from English into Russian, and all others to whom digitalized data control and process control are important.

As is the case with all other L&H Dictionaries, the source material originates from L&H's large database compiled by professional translators and expert linguists, comprising millions of terms and expressions from a large number of sectors.

The primary source material for the L&H Computer Dictionary is authentic translations made for computer companies by professional translators, including brochures, user's guides, instructions, software programs, product information, technical descriptions, specifications, standards, patent documents and service manuals.

A number of colleagues and other experts have contributed to the Computer Dictionary. Editorial contributors and external consultants have all made an invaluable and enthusiastic effort.

Jorgen Hoedt
General Editor, L&H Publishing Co.,
Copenhagen, Denmark
1994

Предисловие

Выходом "Англо-русского словаря компьютерных терминов" российское издательство "М.И.П. - Москоу Интернэшнл Паблишерз" открывает серию специализированных словарей, не имеющих аналогов с точки зрения насыщенности терминологией, точности формулировок и удобства использования. Одновременно с "Компьютерным словарем" выходят также "Англо-русский словарь по строительству и архитектуре" и "Англо-русский бизнес словарь".

Данная продукция - результат сотрудничества "М.И.П." с датским издательством "L&H Publishing Co.", выпустившим десятки наименований популярных в Европе словарей терминов. После тщательного изучения западного рынка специализированных словарей эксперты "М.И.П." пришли к выводу о том, что оригинальная концепция и уникальная база данных "L&H Publishing Co." смогут найти массового пользователя среди всех тех, кто профессионально занимается русскими переводами.

Все эти книги не появились бы на свет без громадного труда переводчиков, редакторов и консультантов "М.И.П." и "L&H Publishing Co.", которые проявили завидное упорство и новаторский подход.

Сергей Серебряков,
главный редактор "М.И.П.- Москоу Интернэшнл Паблишерз"
Москва,
1994

"М.И.П.- Москоу Интернэшнл Паблишерз"
Россия, Москва 117802
Научный проезд 12,
тел. 7 095 120 25 36
факс 7 095 120 84 39

M.I.P. - Moscow International Publishers
Nauchnyi proezd 12,
117802 Moscow, Russia
Phone: 7 095 120 25 36
Fax: 7 095 120 84 39

Abbreviations and designations

Where it has been found appropriate, the dictionary makes use of the following abbreviations and designations to describe the primary field of application of the relevant entries:

cyber.=cybernetics
el.=electronics
electr.=electricity
graph.=graphics
lingv.=linguistics
log.=logic
mat.=mathematics
micro.=microelectronics
phys.=physics
prof.=professional
stat.=statistics
syst.=system
telecom.=telecommunication
tv=television
type.=printing
unit

Word classes:

adj. = adjective
vb. = verb

Practical Comments

English words are spelled in accordance with acknowledged British-English standards, except in cases where the word is obviously of American extraction.
Composite words have been included where it has been found relevant to illustrate the use of the word.
(US) and (UK) mark American and British-English usage, respectively.

abandon (vb.)   *покидать*

abandonment   *отказ*

abate (vb.)   *уменьшать*

abatement   *уменьшение*

abbreviate (vb.)   *сокращать*

abbreviation   *аббревиатура, сокращение*

abecedarian   *расположенный в алфавитном порядке*

abelian group   *абелева (коммутативная) группа*

abend   *аварийный останов (авост)*

abend (vb.)   *аварийно завершить, аварийно остановить*

abend (abnormal ending)   *аварийное завершение, непредусмотренное окончание*

abend dump   *распечатка результатов аварийного завершения задачи*

abend exit   *аварийный выход*

abend recovery program   *аварийный выход из программы с возможностью восстановления функционирования*

ability   *способность*

ablative   *абляционная запись*

abnormal ending (abend)   *аварийное завершение, непредусмотренное окончание*

abnormal termination   *аварийное завершение, аварийное окончание*

abonent   [telecom.] *абонент, пользователь*

abort   *аварийно завершаться, преждевременное прекращение (процесса), прерывание выполнения программы*

abort (vb.)   *аварийно завершить, прекратить выполнение задачи*

abortive   *неудачный, прерванный*

abridge (vb.)   *ограничивать, сокращать*

absence   *отсутствие*

absence of aftereffects   [syst.] *отсутствие последействий*

absence of pattern   *бессистемность*

absolute address   *абсолютный адрес*

absolute addressing   *абсолютная адресация*

absolute coding   *абсолютное кодирование*

absolute coordinate   *абсолютная координата*

absolute expression   *абсолютное выражение*

absolute instruction   *абсолютная инструкция*

absolute mode   *абсолютная мода*

absolute term   *абсолютный терм*

absolute vector   *абсолютный вектор*

absorption laws   *законы поглощения*

abstract   *абстрактная конструкция, абстрактный объект, конспект, реферат*

abstract (vb.)   *конспектировать, составлять реферат*

abstract data type   *абстрактный тип данных*

abstract family of languages (AFL)   *абстрактное семейство языков*

abstract file   *абстрактный файл*

abstraction   *абстрагирование*

abstract symbol   *абстрактный символ*

abundance   *изобилие*

abuse of information   *неправильное обращение с информацией*

AC (alternating current)   [el.] *переменный ток*

acceleration time   *время ускорения*

accent   [graph.] *характерная особенность*

accented letter   [graph.] *акцент на букву*

accent mark   [graph.] *знак ударения*

accept (vb.)   *допускать, принимать*

acceptance   *одобрение, принятие*

acceptance test   *тест на приемку, тест на приемлемость*

acceptance testing   *приемо-сдаточные испытания*

access   *выборка (из памяти), доступ, обращение*

access arm   *рычаг выборки (узел дисковода)*

access-barred signal   *сигнал ограничения доступа*

access capability   *возможность доступа*

access code   *код доступа*

access control   *контроль доступа, управление доступом*

access control feature   *особенность управляемого доступа*

accessibility   *доступность*

accessible   *доступный*

accession   *добавление*

access key   *клавиша доступа, ключ доступа*

access line   *линия доступа, область доступа*

access lock   *блокирование доступа*

access matrix   *матрица доступа*

access mechanism   *механизм доступа*

access method   *метод доступа, система доступа, способ доступа*

accessor   *аксесор (узел кассетного запоминающего устройства)*

accessories   *аксессуары, принадлежности, приспособления*

access path   *путь доступа*

access permission   *разрешение доступа*

access right   *право на доступ*

access routine   *программный доступ*

access time   *время доступа*

access vector   *вектор доступа*

access width   *ширина доступа*

accidental   *случайный*

accidental error   *случайная ошибка*

accommodation   *место, помещение, приспособление*

accordance   *согласие, соответствие*

account   *отсчет, счет*

accountable file   *учитываемый файл*

accounting system   *система счета*

account number   *номер счета*

accretion   *прирост*

accumulate (vb.)   *аккумулировать, накапливать*

accumulation   *аккумуляция, накопление*

accumulator   *аккумулятор, накапливающий сумматор, накопитель*

accuracy   *безошибочность, пунктуальность, точность;* [graph.] *четкость (изображения)*

accuracy of measurement   *точность измерения*

accuracy requirement   *требуемая точность*

accurate *правильный, точный*

ACK (acknowledge character) [telecom.] *символ подтверждения приема*

ACK (acknowledgement) [telecom.] *квитанция, квитирование (сообщения), подтверждение приема (сообщения)*

acknowledge (vb.) *квитировать, подтверждать прием (сообщения)*

acknowledge character (ACK) [telecom.] *символ подтверждения приема*

acknowledgement (ACK) [telecom.] *квитанция, квитирование (сообщения), подтверждение приема (сообщения)*

acknowledgement level [telecom.] *уровень подтверждения приема (сообщения)*

ACM (Asscciation for Computing Machinery) *ассоциация по вычислительной технике*

acoustic alarm *акустическая тревога*

acoustic alarm device *устройство акустической тревоги*

acoustic coupler *акустическая пара, акустический соединитель*

acoustic delay *акустическая задержка*

acoustic screen *акустический экран*

acoustic warning signal *акустический сигнал предупреждения*

acquisition *сбор (данных)*

acronym *сокращение*

across *на концах (о разности потенциалов), параллельно (например резистору)*

action *воздействие, действие, операция*

action, out of *недействующий*

action bar *горизонтальное меню*

action bar pull-down *выпадающее меню*

action chart *карта действий*

action game *игра с активными действиями*

activate (vb.) *активизировать, инициировать*

activation *активизация, инициирование*

active *активный*

active file *активный файл, файл действий*

active page *активная страница*

active program *активная программа*

active repair time *время активного ремонта*

active state *активное состояние*

active window *активное окно*

activity *активность, деятельность*

activity diagram *диаграмма активности*

activity network *сетевая диаграмма*

actual (adj.) *действительный, настоящий, фактический*

actual address *абсолютный адрес, действительный адрес*

actual argument *действительный аргумент*

actual instruction *действительная инструкция*

actual parameter *действительный параметр*

actual risk *действительный риск*

actuate (vb.) *активизировать, воздействовать*

actuating quantity *величина воздействия*

actuation *активизированный*

actuator *привод (дисковода)*

acute accent [graph.] *заострить внимание*

acyclic   *ациклuчный*

Ada programming language   *язык программирования АДА*

adapt (vb.)   *адаптировать, настраивать, приспосабливать*

adaptability   *приспособляемость*

adaptation   *адаптация, приспособление*

adaptation process   *процесс адаптации*

adapter   *адаптер, согласователь*

adapter plug   *адаптерная вставка*

adaptive channel allocation   *адаптивное распределение каналов*

adaptive-control system   *система адаптивного управления*

adaptive process   *адаптивный процесс*

ADC (analog-digital converter)   *аналого-цифровой конвертер*

ADC (analog-to-digital converter)   *аналого-цифровой преобразователь (АЦП)*

ADCCP (advanced data communication control procedure)   *современная процедура управления передачей данных*

add (vb.)   *добавлять, прибавлять;* [mat.] *складывать*

addend   [mat.] *второе слагаемое*

addend register   *регистр второго слагаемого*

adder   *арифмометр, сумматор*

adder-accumulator   *накапливающий сумматор*

adder-subtracter   *сумматор-вычитатель*

addition   *добавление, прибавление;* [mat.] *сложение, суммирование*

additional   *добавочный, дополнительный*

additional attachments   *дополнительная привязка*

additional implements   *дополнительный инструмент*

additional symbol   *дополнительный символ*

add-on card   *карта, добавляемая для расширения системы, комплектующая плата (для расширения системы)*

address   *адрес*

address (vb.)   *адресовать*

address (ADR)   *адрес*

addressability   *адресуемость*

addressable   *адресуемый, имеющий адрес*

addressable point   *адресуемая точка*

address bus   *адресная шина*

address code   *код адреса*

address constant   *адресная константа*

address decoder   *дешифровка адреса*

addressee   *адресат*

address enable (vb.)   *разрешить адресацию*

addressing character   *символ адресации*

addressing system   *система адресации*

addressless   *безадресный*

address modification   *видоизменение адреса, модификация адреса*

address part   *адресная часть*

address space   *адресное пространство*

address track   *адресная дорожка*

address translation   *преобразование адреса*

address translator   *преобразователь адреса*

add-subtract time   *время сложения-вычитания*

add time   *время сложения*

adequacy   *адекватность, соответствие*

adequate   *адекватный, достаточный, соответствующий*

adjacent channel   *смежный канал*

adjacent node   *смежный узел*

adjunct   *помошник*

adjunct (adj.)   *приложение*

adjust (vb.)   *выравнивать, приводить в порядок, приспособлять, регулировать, улаживать, юстировать*

adjustable   *приспособляемый, регулируемый*

adjustment   *настройка, регулирование, установка, юстировка*

adjust paragraph (vb.)   *установить абзац*

administration   *администрация*

administrative computer   *управляющий компьютер*

administrative data processing   *управляемая обработка данных*

administrative system   *система управления*

admissible   *допустимый, приемлемый*

ADP (automatic data processing)   *автоматическая обработка данных*

ADR (address)   *адрес*

advanced   *передовой, современный*

advanced data communication control procedure (ADCCP)   *современная процедура управления передачей данных*

advanced program-to-program communications (APPC)   *развитая связь программы с программой*

advanced technology (AT)   *передовая технология*

adventure game   *приключенческая игра*

adverse effect   *негативный эффект*

affect (vb.)   *действовать*

AFL (abstract family of languages)   *абстрактное семейство языков*

afterglow   *послесвечение*

after image   *последующий образ*

after look   *следующий взгляд*

after-sales service   *послепродажное обслуживание, сервисное обслуживание*

agenda   *план решения (задачи), последовательность операторов или операций*

aggregate   *множество*

AI (artificial intelligence)   *искусственный интеллект*

aid   *помощь*

aid (vb.)   *помогать*

aim   *цель*

aiming symbol   *символ прицела*

air-circulation   *циркуляция воздуха*

air extraction equipment   *оборудование откачки воздуха*

alarm   *тревога, тревожить*

alert   *сигнал тревоги*

alert box   *блок тревожной сигнализации*

alerter   *бдительный*

algebra   [mat.] *алгебра*

algebraic   [mat.] *алгебраический*

algebraic expression   [mat.] *алгебраическое выражение*

algebraic language   *алгебраический язык*

algebraic manipulation   *алгебраическая манипуляция*

ALGOL (algorithmic language)   *АЛГОЛ (алгоритмический язык)*

ALGOL-compiler   *компилятор с языка АЛГОЛ*

algorithm   [mat.] *алгоритм*

algorithmic language   *алгоритмический язык*

algorithmic language (ALGOL)   *АЛГОЛ (алгоритмический язык)*

algorithmic programming   *алгоритмическое программирование*

alias   *альтернативная точка входа, псевдоимя;* [el.] *паразитный сигнал*

aliasing   *эффект наложения*

align (vb.)   *выравнивать, налаживать, располагать на одной линии*

aligner   *согласователь (элементов структуры данных)*

alignment   *выравнивание, ориентация*

aliquot   [mat.] *кратный*

alive   *живой*

allergy   *аллергия*

allocate (vb.)   *назначать, определять место, размещать, распределять*

allocation   *размещение, распределение*

allocation routine   *программа распределения*

allocator   *распределитель*

allotment   *участок*

allow (vb.)   *допускать, позволять*

allowable   *дозволенный, допустимый*

allowance   *пособие*

all points addressable (APA)   *все точки адресации*

all-purpose   *многоцелевой*

all-round   *всесторонний*

alphabet   *алфавит*

alphabetical   *алфавитный, буквенный*

alphabetical index   *алфавитный индекс*

alphabetical index entry   *алфавитный индекс входа*

alphabetical notation   *алфавитная система записи*

alphabetical subject catalogue   *каталог предметов по алфавиту*

alphabetic character   *алфавитный символ*

alphabetic character set   *набор алфавитных символов*

alphabetic code   *алфавитный код*

alphabetic coding   *алфавитная кодировка*

alphabetic key   *буквенная клавиша*

alphabetic notation   *алфавитная система обозначения*

alphabetic shift   *смена регистра алфавита*

alphabetic string   *алфавитная строка*

alphabetic word   *алфавитное слово*

alphabetization   *упорядочение по алфавиту*

alphameric   *алфавитно-цифровой*

alphameric keyboard   *алфавитно-цифровая клавиатура*

alphanumeric   *алфавитно-цифровой*

alphanumeric arrangement   *алфавитно-цифровое устройство*

alphanumeric character   *алфавитно-цифровой символ*

alphanumeric character set   *набор алфавитно-цифровых символов*

alphanumeric classification   *алфавитно-цифровая классификация*

alphanumeric code   *алфавитно-цифровой код*

alphanumeric data   *алфавитно-цифровые данные*

alphanumeric display device *алфавитно-цифровой дисплей*

alphanumeric display terminal *алфавитно-цифровой терминал*

alphanumeric keyboard *алфавитно-цифровая клавиатура*

alphanumeric order *алфавитно-цифровой порядок*

alphanumeric principle of arrangement *алфавитно-цифровой принцип расположения*

alphascope *символьный экран*

alpha test *алфавитный тест*

alter (vb.) *изменять, переставлять*

alternating current (AC) [el.] *переменный ток*

alternative track *альтернативная дорожка*

ALU (arithmetic-logic unit) *арифметическо-логическое устройство*

AM (amplitude modulation) [el.] *амплитудная модуляция*

ambient *окружающий*

ambient air temperature *температура окружающего воздуха*

ambient noise *окружающий шум*

ambient temperature *окружающая температура*

amend (vb.) *исправлять, улучшать*

amendment *компенсация, поправка, улучшение*

American National Standards Institute (ANSI) *американский национальный институт стандартизации*

American Standard Code for Information Interchange (ASCII) *американский стандартный код для обмена информацией*

amount *количество*

amperage [el.] *электрический ток (в амперах)*

ampersand (&) [graph.] *знак амперсанда*

amplification *усиление*

amplifier *усилитель*

amplitude modulation (AM) [el.] *амплитудная модуляция*

analog *аналог, аналоговый*

analog channel *аналоговый канал*

analog circuit *аналоговая цепь*

analog comparator *аналоговый компаратор*

analog computer *аналоговый компьютер*

analog control *аналоговый контроль*

analog data *аналоговые данные*

analog data channel *канал аналоговых данных*

analog data processing machine *машина для аналоговой обработки*

analog detector *аналоговый детектор*

analog differential analyzer *аналоговый дифференциальный анализатор*

analog-digital conversion *аналого-цифровое преобразование*

analog-digital converter (ADC) *аналого-цифровой конвертор*

analog function *аналоговая функция*

analog method *аналоговый метод*

analog multiplexer *аналоговый мультиплексор*

analogous *аналогичный*

analog output *аналоговый выход*

analog phase shifter *фазовый аналоговый переключатель*

analog projection *аналоговое проектирование*

analog representation *аналоговое представление*

analog signal *аналоговый сигнал*

analog speech transmission *аналоговая передача речи*

analog switch *аналоговый переключатель*

analog system *аналоговая система*

analog telemetering *аналоговая телеметрия*

analog-to-digital *аналого-цифровой*

analog-to-digital conversion *аналогово-цифровое преобразование*

analog-to-digital converter (ADC) *аналого-цифровой преобразователь (АЦП)*

analog touch sensor *аналоговый сенсор*

analog variable *аналоговая переменная*

analog verification *аналоговый контроль*

analysis *анализ*

analysis method *метод анализа*

analyst *аналитик*

analytical finding *аналитическое открытие*

analytical method *аналитический метод*

analytical result *аналитический результат*

analyze (vb.) *анализировать*

analyzer *анализатор*

ancestor *предок*

ancestor directory *предыдущая директория*

AND operation *оператор И*

animate (vb.) *одушевлять*

animated cartoon *мультипликация*

animation *оживление*

anisotropic liquid [phys.] *анизотропическая жидкость*

annex [graph.] *приложение, пристройка*

annex (vb.) *присоединять*

annotation *аннотировать*

annunciator *сигнализатор*

anode [el.] *анод*

ANSI (American National Standards Institute) *американский национальный институт стандартизации*

answer *ответ*

answer (vb.) *отвечать*

answer-back *ответ на запрос*

answer-back unit *модуль ответа на запрос*

answer code *ответный код*

anti-aliasing *рассовмещение имен*

anticipatory *прждевременный*

antilogarithm [mat.] *антилогарифм*

any key *любая клавиша*

APA (all points addressable) *все точки адресации*

aperiodic *непериодичный*

aperture *отверстие*

API (application program interface) *интерфейс прикладных программ*

APL (A Programming Language) *язык программирования APL*

apostrophe *апостроф*

append (vb.) *присоединять*

appendix *приложение*

application *использование, применение*

application computer   *применяемый компьютер*
application generator   *применяемый генератор*
application icon   *применяемая пиктограмма*
application layer   *уровень применения*
application note   *указание по применению*
application program   *прикладная программа*
application program interface (API)   *интерфейс прикладных программ*
application software   *прикладное программное обеспечение*
application-specific integrated circuit (ASIC)   *специализированная интегральная схема*
applied mathematics   [mat.] *прикладная математика*
apply (vb.)   *прилагать, применять, употреблять*
approach   *приближение*
approve (vb.)   *одобрять*
approximate (vb.)   *аппроксимировать*
approximation   *приближение*
approximation computation   *приблизительное вычисление*
A Programming Language (APL)   *язык программирования АПЛ*
arabic numerals   *арабские цифры*
arbitrary   *произвольный*
arc   *дуга*
architecture   *архитектура*
architecture of a computer   *архитектура компьютера*
archive (vb.)   *архивировать*
archive file   *архивный файл*
archives   *архив*
area   *область, участок*
area search   *область поиска*
argument   *аргумент, доказательство*
arithmetic   *арифметика*
arithmetic(al)   *арифметический*
arithmetical progression   *арифметическая прогрессия*
arithmetic expression   *арифметическое выражение*
arithmetic instruction   *арифметическая инструкция*
arithmetic-logic unit (ALU)   *арифметическо-логическое устройство*
arithmetic mean   *средне-арифметическое*
arithmetic operation   *арифметическая операция*
arithmetic operator   *арифметический оператор*
arithmetic unit   *арифметическое устройство*
arm   *рычаг*
arrange (vb.)   *расставлять, устраивать*
arrangement   *расположение, устройство*
array   *регулярный, таблица;* [mat.] *массив, матрица*
array pitch   *шаг таблицы*
array processor   *матричный процессор*
arrow   *стрела*
arrowgraph   *ареограф*
arrow key   *клавиша со стрелкой*
ARS (autonomously replicating sequence)   *автономная пересыщенная последовательность*
article   *предмет, статья*

articulation *артикуляция*

artificial *искусственный*

artificial intelligence (AI) *искусственный интеллект*

artificial language *искусственный язык*

artificial speech *искусственная речь*

artificial voice *искусственный голос*

artwork [graph.] *оригинал фотошаблона*

ascend (vb.) *восходить, поднимать*

ascender [graph.] *восхождение*

ascending *восходящий*

ascending order *восходящий порядок*

ascending order sort *сортировка в восходящем порядке*

ascending sort order *восходящий порядок сортировки*

ASCII (American Standard Code for Information Interchange)
  американский стандартный код для обмена информацией

ASIC (application specific integrated circuit) *применение*
  специализированной интегральной схемы

askew *косо, криво*

aspect ratio *вид отношения, вид пропорции*

assemble (vb.) *ассемблировать, собирать*

assembler *ассемблер*

assembler program *программа ассемблера*

assembly language *язык ассемблера*

assembly phase *фаза ассемблирования*

assembly time *время ассемблирования*

assess (vb.) *оценивать, расценивать*

assessed mean time to failure *расчетная средняя наработка на отказ*

assessment *оценка*

ASSET (automated support for software engineering technology)
  автоматическая поддержка для программ инженерной технологии

assign (vb.) *назначать, определять, присваивать*

assignment *задание, назначение*

assignment statement *оператор присваивания*

assimilate (vb.) *осваивать*

assimilation *освоение*

associate *соединять*

associate (vb.) *участвовать*

associate (adj.) *общаться*

Association for Computing Machinery (ACM) *ассоциация по*
  вычислительной технике

associative memory *ассоциативная память*

associative read-only memory *ассоциативная память только для чтения*

associative storage *ассоциативное хранение*

assort (vb.) *подбирать, сортировать*

assumed decimal point *предполагаемая десятичная точка*

assume responsibility (vb.) *брать на себя ответственность*

asterisk [graph.] *звездочка (символ)*

A-subscriber [telecom.] *абонент A*

asynchronous data stream *асинхронный поток данных*

asynchronous data string *асинхронная строка данных*

asynchronous data transmission *асинхронная передача данных*

asynchronous mode   *асинхронный вид*

asynchronous operation   *асинхронная операция*

asynchronous transmission   *асинхронная передача*

as you type   *по мере ввода информации*

AT (advanced technology)   *передовая технология*

attach (vb.)   *прикреплять, присоединять*

attachment   *приставка*

attachment(s)   *приспособление(я)*

attachment point   *точка приспособления*

attention   *внимание*

attenuation   *затухание*

attribute   *атрибут, признак, свойство*

attribute type   *тип признака*

attribute value   *величина атрибута*

audible alarm   *звуковая тревога*

audible indicator   *звуковой индикатор*

audible warning signal   *звуковой сигнал предупреждения*

audio erase head   *звуковая стирающая головка*

audio frequency   *звуковая частота*

audio-frequency output signal   *выходной сигнал звуковой частоты*

audio transmitter   *преобразователь звука*

audit   *ревизия*

audit trail   *контрольный журнал*

authority   *полномочие*

authorized use   *санкционированное использование*

auto-answer   *автоматический ответ*

auto-call   *автоматический вызов*

autocopy paper   *копирка*

autodial   *автонабор*

autoforward   *автоматическое продвижение данных (к месту использования)*

auto linefeed   *автоматический перевод строки*

autolink   *автоматический компоновщик*

automated support for software engineering technology (ASSET) *автоматическая поддержка для программ инженерной технологии*

automatic answering   *автоматический ответ*

automatic carriage   *автоматическая каретка*

automatic carriage return   *автоматический возврат каретки*

automatic clearing   *автоматическая чистка*

automatic coding   *автоматическая кодировка*

automatic communication device   *прибор автоматической связи*

automatic control   *автоматический контроль*

automatic control system   *система автоматического контроля*

automatic data processing (ADP)   *автоматическая обработка данных*

automatic error correction   *автоматическая коррекция ошибок*

automatic error detection   *автоматическое выделение ошибок*

automatic hyphenation   *автоматический перенос*

automatic indexing   *автоматическая индексация*

automatic line feed   *автоматическая линия обратной связи*

automatic loading   *автоматическая загрузка*

automatic programming   *автоматическое программирование*

automatic restart   *автоматический рестарт*

automatic storage allocation   *размещение для автоматического хранения*

automatic system   *автоматическая система*

automatic translation   *автоматический перевод*

automatic word wrap   *автоматический переход на новую строку*

automaton   *автомат*

autonomous   *автономный*

autopiler   *автоматический компилятор*

autopoll   *автоопрос*

autoredialing   *автоматическое повторение набора номера*

autorepeat   *автоматически повторить, автоповтор*

autoscreen blank |graph.| *пустое изображение*

autotracer   *автоматический трассировщик*

auto turnaround   *автоматическое реверсирование направления передачи данных*

auxiliary component   *дополнительный компонент*

auxiliary equipment   *дополнительное оборудование*

auxiliary memory   *дополнительная память*

auxiliary storage   *дополнительное запоминающее устройство*

auxiliary store   *дополнительная память, дополнительное запоминающее устройство*

availability   *готовность, доступность*

available   *имеющийся в распоряжении, наличный*

available machine time   *имеющееся машинное время*

available technology   *имеющаяся технология*

average   *среднее*

average access time   *среднее время доступа*

average seek time   *среднее время поиска*

average service time   *среднее время обслуживания*

average transfer rate   *средняя скорость передачи (данных)*

axiom   *аксиома*

axis of coordinates |mat.| *ось координат*

AZERTY keyboard   *тип клавиатуры ряда европейских стран*

B

babble [el.] *сложные помехи*

back *назад*

backbone network *базовая сеть*

back-end computer *постпроцессор (для работы с базами данных)*

back-end processor *постпроцессор (для работы с базами данных)*

background *фон*

background function *фоновая функция*

background information *фоновая информация*

background job *фоновая работа*

background noise *фоновый шум*

background processing *фоновая обработка*

background program *фоновая программа*

background storage *фоновое запоминающее устройство*

backing storage *поддержка запоминающего устройства*

backing store *поддержка памяти*

backout *возврат к контрольной точке*

back out (vb.) *отменять (измерения)*

back pressure *обратное давление*

backslash [graph.] *символ обратной косой черты*

backspace *возврат (BS) (управляющий символ)*

backspace (vb.) *возвращать*

backspace character *символ возврата*

backspace key *клавиша возврата*

backspacing *возврат*

backtab *обратная табуляция*

backup *вспомогательные средства, дублирование, резервирование,
резервное копирование*

backup (adj.) *дублирующий*

back up (vb.) *восстановить предшествующее состояние*

backup centre *центр копирования*

backup computer *резервный компьютер*

backup copy *резервная копия*

backup disk *резервный диск*

backup file *резервный файл*

backup system *резервная система*

backup unit *резервное устройство*

backward(s) *назад, обратный*

backward chaining *обратная последовательность*

backward channel *обратный канал*

backward file recovery *восстановление файла*

backward read *обратное чтение*

backward recovery *обратное восстановление*

backward signalling *ответная сигнализация*

bad *нехороший, плохой*

bad break *плохое прерывание*

badge reader *устройство чтения идентификационных карточек*

bad quality *плохое качество*

bag *множество, допускающее повторение элементов*

balanced *сбалансированный*

ball-grip lever   *манипулятор в виде шарика*

band   *лента, полоса*

band gap   *пробел в ленте*

band pass filter   [el.] *полосовой фильтр*

band width   *ширина полосы*

bang   *восклицательный знак*

bank of keys   *банк ключей*

banner   *флажок*

bar   *шина;* [mat.] *прямоугольник*

bar chart   *прямоугольная диаграмма*

bar code   *штриховой код*

bar code label   *метка в виде штрихового кода*

bar-code reader   *считыватель штрихового кода*

bar code scanner   *считыватель штрихового кода*

bar diagram   *прямоугольная диаграмма*

bar graph   *гистограмма, диаграмма в виде столбиков*

bar line printer   *линейный принтер с шарообразной печатающей головкой*

bar printer   *печатающая штанга*

barrel printer   *принтер с шарообразной печатающей головкой*

basal number   [mat.] *основной номер*

base   *база;* [mat.] *основание логарифма, основание системы счисления*

base address   *основной адрес*

baseband   *основная ширина*

baseband coax   [tv] *коаксиальная линия передачи видеосигнала*

baseband link   *основное соединение*

baseband system   *основная система*

baseband transmission   *основная передача*

base line   *базовая линия*

base register   *базовый регистр, основной регистр*

base terminal   *основной терминал*

basic   *основной*

BASIC (Beginner's All-Purpose Symbolic Instruction Code)   *язык программирования BASIC (универсальная система символического кодирования для начинающих)*

basic data   *базовые данные, основные данные*

basic input-output system (BIOS)   *базовая система ввода-вывода*

basic machine configuration   *базовая конфигурация машины*

basic number   [mat.] *основание системы счисления, основной номер*

basic software   *базовое программное обеспечение, основное программное обеспечение*

basic symbol   *основной символ*

basis   *основание*

bastard file   *паразитный файл*

batch   *группа, пакет, пачка, серия*

batch (adj.)   *пакетный*

batch communication   *пакетная связь*

batch file   *пакетный файл*

batch job   *пакетная работа*

batch manufacturing   *серийное производство*

batch processing   *групповая обработка, пакетная обработка*

batch processing delay time   *задержка времени пакетной обработки*

batch session   *сеанс пакетной работы*

bat handle   *манипулятор 'мышь'*

baud (Bd)   [unit] *бод (единица измерения скорости передачи информации)*

baud rate   *скорость передачи информации*

baud rate generator   *генератор скорости передачи*

BBS (bulletin board system)   *электронная доска объявлений*

BCD (binary-coded decimal)   *двоично кодированное десятичное число*

BCTR (bit counter)   *счетчик битов*

bead   *диэлектрическая шайба (коаксиальной линии)*

beam   *пучок*

beam store   *устройство хранения на пучке*

bear (vb.)   *выносить, носить*

bearer   *однонаправленный канал*

bearer service   *обслуживание однонаправленного канала*

beep   *гудок, звонок*

beeper   *устройство звуковой сигнализации*

beep signal   *сигнал звонка*

before image   *исходный вид записи (до обновления)*

before look   *исходный вид записи (до обновления)*

begin (vb.)   *начинать*

Beginner's All-Purpose Symbolic Instruction Code (BASIC)   *язык
программирования BASIC (универсальная система символического
кодирования для начинающих)*

beginning   *начальный*

beginning of file (BOF)   *начало файла*

beginning-of-tape marker   *маркер начала ленты*

bell   *звонок*

bench   *место для размещения элемента*

benchmark program   *программа анализа эффективности системы,
эталонная тестовая программа*

benchmark test   *контрольный тест*

Bernoulli's equation   [phys.] *уравнение Бернулли*

beta test   [el.] *тест коэффициента усиления транзистора*

Bezier curves   *кривая Безье*

bias   *смещение;* [el.] *напряжение смещения, ток смещения;*
[stat.] *систематическая ошибка одного знака*

bias (vb.)   *смещать*

bidirectional   *двунаправленный, реверсивный*

bidirectional list   *реверсивный список*

bidirectional printing   *печать в двух направлениях*

bidirectional search   *реверсивный поиск*

bifunctional   *бифункциональный*

bifurcation   *разветвление решения нелинейного дифференциального
уравнения*

bijection   *взаимно однозначное соответствие*

bilingual dictionary   *двуязычный словарь*

binary   *двоичный*

binary algebra   *двоичная алгебра*

binary arithmetic operation   *оператор двоичной арифметики*

binary card   *двоичная (перфо)карта*

binary cell   *двоичная ячейка, двоичный элемент*

binary character   *двоичный символ*

binary check digit   *двоичная контрольная цифра*

binary code   *двоичный код*

binary-coded decimal (BCD)   *двоично кодированное десятичное число*

binary-coded decimal notation   *запись в двоично-десятичном коде*

binary-coded decimal number   *двоично кодированный десятичный номер*

binary decision   *двоичное решение*

binary digit (bit)   [unit] *двоичная цифра (бит)*

binary digital system   *двоичная цифровая система*

binary element   *двоичный элемент*

binary error detecting code   *выделенный двоичный код ошибки*

binary-logic element   [el.] *двоичный логический элемент*

binary-logic gate   [el.] *двоичный логический затвор*

binary-logic system   [el.] *система с двоичной логикой*

binary notation   *двоичная запись*

binary number   *двоичный номер*

binary numeral   *двоичное числительное*

binary numeration system   *система с двоичной нумерацией*

binary operator   *двоичный оператор*

binary point   *двоичная точка*

binary position   *двоичная позиция*

binary punched   *двоично перфорированный*

binary scaler   *двоичная шкала*

binary scaling circuit   *схема двоичной шкалы*

binary search   *двоичный поиск*

binary signal   *двоичный сигнал*

binary synchronous communication (BISYNC)   *двоичная синхронная связь*

binary system   *двоичная система*

binary tree   *двоичное дерево*

bind (vb.)   *завязывать, связывать*

bind lines (vb.)   *связывать строки*

binomial   *бином, биномиальное*

binomial distribution   [stat.] *биномиальное распределение*

bionics   *бионика*

BIOS (basic input-output system)   *базовая система ввода-вывода*

bipartite   *двойное равенство, двойной контроль по четности*

bipartitioning   *последовательное разбиение на две части*

bipolar semiconductor   *биполярный полупроводник*

biquadratic equation   [mat.] *биквадратное уравнение*

biquinary   *двоично-пятеричный*

bistable   [el.] *бистабильный, двустабильный*

bistable circuit   [el.] *бистабильная схема, двустабильная схема*

bistable trigger circuit   [el.] *бистабильная триггерная схема,*
       двустабильная триггерная схема

BISYNC (binary synchronous communication)   *двоичная синхронная связь*

bit (binary digit)   [unit] *бит (двоичный разряд)*

bit combination   *комбинация битов*

bit counter (BCTR)   *счетчик битов*

bit density   *плотность записи*

bit manipulation   *побитная обработка*

bit map   *битовая карта, поразрядное представление, растр*

bit map graphics *растровая графика* ·

bit mapped font *растровый шрифт*

bit mapped screen / *растровый экран с поточечной адресацией*

bit map printer *принтер для растровой печати*

bit-oriented protocol (BOP) *протокол побитной обработки*

bit packing density *плотность битовой упаковки*

bit pattern *битовая маска, двоичный код*

bit position *позиция бита*

bit rate *скорость передачи в битах*

bits per inch (bpi) [unit] *бит на дюйм (единица плотности упаковки информации)*

bits per second (bps) [unit] *бит в секунду (единица измерения скорости передачи информации)*

bit stream *поток битов*

bit string *строка битов*

bit string manipulation *операции со строками битов*

bivariate distribution [stat.] *двумерное распределение*

black box *черный ящик*

black box diagram *диаграмма черного ящика, схема черного ящика*

blank *незаполненный, пробел, пропуск, пустое место*

blank (vb.) *пропустить*

blank (adj.) *пустой*

blank character *пустой символ, символ пробела*

blank form *пустая форма*

blanking *гашение, запирание, затемнение*

blank instruction *пустая инструкция*

blank line *пустая строка*

blank magnetic tape *пустая магнитная лента*

blast *освобождение (динамической памяти)*

bleeder *делитель напряжения*

blemish *пятно*

blind keyboard *'слепая' клавиатура (работающая без одновременного отображения печатаемого на экране или бумаге)*

blink key *клавиша, контролирующая мигание*

blip *метка документа (при микрофильмировании)*

block *блок, группа операторов, единица доступа к диску или ленте*

block (vb.) *блокировать*

blockage *блокировка*

block cancel character *символ отмены блока*

block character *символ блока*

block check *контроль блока*

block check character *символ контроля блока*

block cursor *курсор в виде блока*

block device *прибор в блочном исполнении*

block device driver *драйвер блокового устройства*

block diagram *блочная диаграмма*

blocked process *заблокированный процесс*

blockette *подгруппа, субблок*

block gap *промежуток между блоками*

blocking *блокирование, объединение записей в блоки*

blocking factor *блокировочный коэффициент*

block length   *длина блока*

block mark   *маркер блока*

block-multiplex channel   *многоблочный канал*

block size   *размер блока*

block sort   *блочная сортировка*

block structure   *блочная структура*

block-structured   *блочноструктурированный*

block-structured language   *блочноструктурированный язык*

block-structured program   *блочноструктурированная программа*

block transfer   *пересылка блока, поблочная передача*

blotted   *запятнанный*

blow (vb.)   [el.] *программировать ПЗУ*

blowing of a fuse   *сгорание плавкого предохранителя*

blow up (vb.)   *взрывать*

blunder   *грубая ошибка*

board   *доска, панель, плата*

body type   *тип тела (данных)*

BOF (beginning of file)   *начало файла*

boilerplate   *шаблон*

bold   [graph.] *полужирный шрифт*

boldface   [graph.] *полужирное начертание шрифта*

boldfaced type   [graph.] *полужирное начертание шрифта*

bold key   *клавиша переключения на полужирный шрифт*

bold text   [graph.] *текст выполненный полужирным шрифтом*

bolt   *засов*

bomb (vb.)   *бомбить*

bond paper   *рулонная бумага*

bonnet   *капот*

book   *единица организации файлов в АЛГОЛе-68, книга, фрагмент программы на КОБОЛе*

Boolean   [log.] *булево выражение, логический*

Boolean algebra   [log.] *булева алгебра*

Boolean complementation   [log.] *логическое дополнение*

Boolean expression   [log.] *логическое выражение*

Boolean function   [log.] *логическая функция*

Boolean operation   [log.] *логическая операция*

Boolean operation table   [log.] *таблица логической операции*

Boolean operator   [log.] *логический оператор*

boot   *начальная загрузка*

boot (vb.)   *загружать*

bootable   *загружаемый*

boot block   *блок начальной загрузки*

boot diskette   *загрузочная дискета*

booting   *загрузка системы, перезагрузка*

bootstrap   *начальная загрузка, первичная загрузка, программа самозагрузки*

bootstrap (vb.)   *инициализировать систему, перезагрузить*

bootstrap loader   *начальный загрузчик*

bootstrap program   *программа начальной загрузки*

BOP (bit-oriented protocol)   *битоориентированный протокол*

border   [graph.] *граница, кайма, край*

borrow   *отрицательный перенос (заем разряда)*

bottleneck   *критический параметр*

bottom   *дно*

bottom (adj.)   *нижний, низкий, основной*

bottom line   *нижняя линия*

bottom margin   *нижний край*

bottom note   [graph.] *примечание*

bottom of table   *нижняя граница таблицы*

bottom-of-the-line   *нижняя граница строки*

bottom-up   *восходящий*

bounce   *срыв*

bounce (vb.)   *резко изменять, срывать*

bound   *ограничивать*

boundary   *ограничение*

box   *прямоугольник;* [graph.] *блок, рамка, стойка*

bpi (bits per inch)   [unit] *бит на дюйм (единица плотности упаковки информации)*

BPI (bytes per inch)   [unit] *байт на дюйм (единица плотности упаковки информации)*

bps (bits per second)   [unit] *бит в секунду (единица скорости передачи информации)*

brace   [graph.] *пара, связывать, скреплять*

bracket   *скобка*

bracket (vb.)   *скреплять скобками*

branch   *ветвь, операция перехода, отрасль*

branch (vb.)   *передавать управление*

branching   *передача управления*

branch instruction   *инструкция передачи управления*

branch point   *точка ветвления*

breadboard   [el.] *макетная плата*

break   [graph.] *разрыв*

break (vb.)   *прерывать*

breakdown   *авария, пробой*

break enable (vb.)   *разрешить прерывания*

break-even analysis   [syst.] *кусочно-непрерывный анализ*

break key   *клавиша прерывания*

break line   [graph.] *строка останова*

break point   *контрольная точка останова (программы)*

bridge   *перемычка;* [telecom.] *мост (в локальных сетях)*

bridge (vb.)   *перемыкать*

brief (adj.)   *краткий*

brightness   *яркость*

brightness control   *управление яркостью*

bring into position (vb.)   *приводить в положение*

bring up to date (vb.)   *вводить в курс дела, модернизировать, приводить в соответствие с современными требованиями*

broadband   *широкая полоса*

broadband line   *широкополосная линия*

broadband network   [telecom.] *широкополосная локальная сеть*

broadband system   *широкополосная система*

broadband transmission   *широкополосная передача*

broadcast videography   [tv] *трансляция видеографики*

broadcast videotext [tv] *трансляция видеотекста*

broken chain *нарушенная цепь*

broken line *нарушенная линия*

broken number *нарушенный номер*

browse (vb.) *просматривать*

browsing *просмотр*

B-subscriber [telecom.] *абонент B*

bubble [phys.] *цилиндрический магнитный домен*

bubble memory *память на цилиндрических магнитных доменах*

bubble sort *сортировка методом пузырька*

budget simulation *моделирование бюджета*

buffer *буфер*

buffer (vb.) *буферизовать*

buffer capacity *способность к буферизации*

buffer circuit *буферная схема*

buffered repeater [el.] *буферный повторитель*

buffering *буферизация*

buffer management *управление буфером*

buffer memory *буферная память*

buffer overflow *переполнение буфера*

buffer pool *область буферов*

buffer register *буферный регистр*

buffer storage *буферное устройство хранения*

buffer store *буферная память, накопитель*

bug *дефект, ошибка, помеха*

build-down (vb.) *демонтировать*

build up (vb.) *воздвигать*

build-up (vb.) *наращивать*

build-up factor *параметр увеличения*

build-up time [el.] *время монтажа*

built-in check *автоматический контроль, встроенный контроль*

built-in function *встроенная функция*

bulk eraser *устройство тотального стирания (сразу всей ленты без использования стирающей головки)*

bulk of paper *объем распечатки*

bulk storage *внешняя память, массовая память*

bulk store *память большого объема*

bulky *громоздкий*

bulletin board *доска объявлений*

bulletin board system (BBS) *электронная доска объявлений*

bump *столкновение*

bundle *пучок, связка*

bundled conductor [telecom.] *менеджер узла*

burst *пакет*

burst (vb.) *разбивать (на части)*

burster [graph.] *устройство для разделения распечатки на страницы*

burst mode [telecom.] *монопольный пакетный режим работы (канала передачи данных)*

burst-mode carrier *владелец монопольного режима*

bus *шина*

busbar *система шин*

business computer   *компьютер для бизнеса*
business data processing   *обработка деловых данных*
business graphics   *деловая графика*
busy   [telecom.] *сигнал занятости*
busy condition   [telecom.] *условие занятости*
busy process   *обработка сигнала занятости*
busy tone   [telecom.] *процесс настройки*
button   *кнопка*
buzzer   *зуммер*
buzzing   *звуковая сигнализация*
BY (byte)   [unit] *байт*
byte (BY)   [unit] *байт*
byte address   *байтовый адрес*
byte manipulation   *побайтовая операция*
byte multiplexer channel   *байтовый мультиплексный канал*
byte-oriented protocol   *байто-ориентированный протокол*
byte serial transmission   *байтовая последовательная передача*
bytes per inch (BPI)   [unit] *байт на дюйм (единица плотности упаковки информации)*

CA (computer-aided) *автоматизированный*

cabinet *ящик*

cable *кабель*

cableless remote control *беспроводное дистанционное управление*

cabling system *кабельная система*

cache memory *кэш память*

CAD (computer-aided design) *автоматизированное проектирование*

CAD/CAM (computer-aided design/computer-aided manufacturing)
    система автоматизированного проектирования и производства

CAE (computer-aided engineering) *автоматизированное проектирование*

CAE (computer-assisted engineering) *автоматизированое проектирование*

CAI (computer-aided instruction) *автоматизированное обучение*

CAL (computer-aided learning) *автоматизированное обучение*

CAL (computer-assisted learning) *автоматизированное обучение*

calc key *клавиша вычисления*

calculate (vb.) *вычислять, рассчитывать*

calculating counter *счетчик*

calculating instrument *счетный инструмент*

calculating machine *счетная машина*

calculating punch *перфоратор, счетно-перфорационная машина*

calculation *вычисление*

calculator *калькулятор, счетная машина*

calculus *вычисление, исчисление*

calculus of probabilities [stat.] *вычисление вероятности*

calendar *календарь*

call *вызов, запрос, обращение*

call (vb.) *вызывать*

call back *возвратный вызов*

call-back *обратный вызов*

call control signal *контрольный сигнал вызова*

called subscriber *вызываемый абонент*

caller *вызывающая процедура;* [telecom.] *вызывающий оператор*

calling [telecom.] *вызов*

calling sequence *последовательность вызова*

calling sub(scriber) [telecom.] *вызывающий абонент*

calling subscriber [telecom.] *вызывающий абонент*

call instruction *оператор вызова (подпрограммы)*

call number *номер вызова*

call procedure [telecom.] *процедура вызова*

call processing function [telecom.] *вызов функции обработки*

call request [telecom.] *запрос вызова*

call request packet [telecom.] *пакет запросов вызова*

call signal [telecom.] *сигнал вызова*

call statement *оператор вызова*

call up (vb.) [telecom.] *вызывать*

CAM (computer-aided manufacturing) *автоматизированное производство*

CAM (computer-assisted management) *автоматизированная система
    управления производством*

CAM (computer-assisted manufacturing) *автоматизированное
    производство*

CAM (content-addressable memory)   *ассоциативная память*

CAMAC (computer-aided measurement and control)   *стандартный мультиплексный промежуточный интерфейс (КАМАК)*

cancel (vb.)   *отменять, прервать*

cancellation   *отмена*

cancellation character   *символ отмены*

canned program   *стандартная программа*

canned routine   *стандартная процедура*

CAP (computer-aided planning)   *автоматизированное планирование*

CAP (computer-assisted planning)   *автоматизированное планирование*

capability   *способность*

capability of reacting   *продуктивность реакции*

capacitor   *конденсатор*

capacitor-transistor logic (CTL)   [el.] *емкостно-транзисторная логика*

capacity   *возможность, емкость, нагрузка, разрядность*

capital (caps)   *главный, основной*

capital letters   *заглавные буквы*

capitals (caps)   *заглавные буквы*

caps lock   *клавиша фиксации верхнего регистра*

capstan   *ведущий вал (лентопротяжного механизма)*

caption   *заголовок, шапка(статьи)*

carbon copy machine   [type.] *машина для копирования*

carbonless copy paper   [type.] *безуглеродная бумага для копирования*

carbon paper   [type.] *копировальная бумага*

card   *карточка, перфорационная карта, плата*

card code   *кодировка перфокарты*

card column   *колонка перфокарты*

card face   *лицевая сторона перфокарты*

card feed   *подача перфокарт*

card field   *поле перфокарты*

card form   *форма перфокарты*

card hopper   *выбрасыватель перфокарт*

card image   *образ перфокарты в виде массива бит*

cardinal number   *основной номер*

card-index   *картотека*

card punch   *перфоратор*

card reader   *машина для считывания с перфокарт*

card receiver   *приемное устройство для перфокарт*

card reproducer   *устройство для копирования перфокарт*

card run   *включение модуля*

card stacker   *пачка перфокарт*

card track   *дорожка на плате*

caret   [graph.] *знак вставки*

CARP (carry predict)   *предварительный просмотр по схеме ускоренного переноса*

carriage   [type.] *каретка*

carriage control   *управление кареткой*

carriage return   *возврат каретки*

carrier network   *основная сеть передачи данных*

carrier wave   *несущая волна (частота)*

carry   *перенос*

carry (vb.) [mat.] *переносить*

carry-bit *бит переноса*

carry-flag *флаг переноса*

carry generate (CG) *генерировать перенос*

carry in (CI) *вход, входной сигнал переноса*

carrying out an instruction *выполнение команды*

carry look ahead (CLA) *ускоренный перенос*

carry out *выходной сигнал переноса*

carry over (vb.) *переносить через*

carry-over *перенос через*

carry predict (CARP) *предварительный просмотр по схеме ускоренного переноса*

carry propagate (CP) *распространение переноса*

Cartesian rectangular coordinates *декартовы координаты*

cartridge *кассета*

cartridge disk *кассета дискового запоминающего устройства*

cartridge font *кассетный шрифт*

CAS (cascade lines) *каскадные линии*

cascade *каскад*

cascade (adj.) *последовательный*

cascaded carry *покаскадный перенос*

cascade lines (CAS) *каскадные линии*

cascade windows *каскадные окна*

case *оператор выбора, регистр клавиатуры*

CASE (computer-aided software engineering) *автоматизированное проектирование программных средств*

case shift *переключение регистра, переход с регистра на регистр*

cassette *кассета*

cassette tape *магнитофонная кассета*

CAT (computer-aided translation) *автоматизированный перевод*

catalog (US) *каталог*

catalog (US) (vb.) *заносить в каталог*

cataloging (US) *каталогизация*

catalogue (UK) *каталог*

cataloguing (UK) *каталогизация*

catch (vb.) *ловить, схватывать*

catch line *линия захвата*

catchword *заглавное слово*

catchword index *указатель на заглавное слово*

categorial data format *категориальный формат данных*

category *категория*

catenation [log.] *конкатенация (сцепление)*

cathode [el.] *катод*

cathode ray storage *память на катодных лучах*

cathode ray tube (CRT) [el.] *электронно-лучевая трубка (ЭЛТ)*

cathode ray tube (CRT) terminal *терминал на электронно-лучевой трубке*

cathode ray tube display *дисплей на электронно-лучевой трубке*

cathode-ray tube using shadow mask *электронно-лучевая трубка с теневой маской*

caution (vb.) *предостерегать*

CAW (channel address word) *слово адресного канала*

CC (communications control)   *контроль связи*

CC (condition code)   *код завершения, код ситуации*

CCD (charge-coupled device)   *устройство с накоплением заряда*

CCL (Common Command Language)   *общий командный язык*

CCP (communications control protocol)   *протокол управления связью*

CCS (common channel signalling)   [telecom.]   *сигнализация по общему каналу*

CCU (communications control unit)   *модуль контроля связи*

CD (compact disc)   *компакт-диск*

CD-ROM (compact disc read-only memory)   *постоянная память на*
   компакт-диске

CE (chip enable) (vb.)   *разрешение выборки, разрешение по выходу*

cell   *секция, элемент, ячейка памяти*

cellar   *запоминающее устройство магазинного типа*

central clock   *центральные часы, центральный счетчик*

centralized architecture   *централизованная архитектура*

central printer   *центральный принтер*

central processing unit (CPU)   *центральное процессорное устройство*

central processor   *центральный процессор*

central storage   *центральное устройство хранения, центральный буфер*

central unit   *центральное устройство*

centred random variable   [stat.]   *центрированная случайная переменная*

centre of a range   [stat.]   *центр диапазона*

centring   *центрирование*

certain   *определенный*

certainty   *уверенность*

certificate of origin   *свидетельство о поверке*

certifier   *контрольное устройство*

CG (carry generate)   *генерировать перенос*

chads   *конфетти (кусочки материала, выбиваемые при перфорации)*

chain   *список, цепь*

chain (vb.)   *связывать*

chain code   *цепной код*

chained file   *цепочечный файл*

chained list   *связный список*

chained search   *связный поиск*

chaining   *связывание, сцепление, формирование цепочки*

chain printer   *цепное печатающее устройство*

chance variation   [stat.]   *случайное изменение*

change   *изменение, перемена*

change (vb.)   *заменять, изменять*

change bar   *сменный стержень*

change of printwheel   *замена печатающего колеса*

change over (vb.)   *заменять*

change-over   *замена, смена*

change-over system   *переключаемая система*

change summary   *сводка изменений*

channel   *дорожка, канал*

channel addressing   *адресация канала*

channel address word (CAW)   *слово адресного канала*

channel capacity   *емкость канала*

channel command   *канальная команда*

channel command word   *слово командного канала*

channel program   *канальная программа*

channel queue   *канальная очередь*

channel scheduler   *диспетчер канала*

channel separation   *разделение канала*

chapter   *раздел, сегмент, секция*

chapter heading   *заголовок раздела*

character   *буква, знак, литера, символ*

character-at-a-time printer   *принтер, работающий в реальном масштабе времени*

character attribute   *символьный атрибут*

character backspace key   *клавиша возврата на одну позицию*

character bit   *бит символа*

character boundary   *граница символа*

character buffer   *символьный буфер*

character cell   *символьная ячейка*

character code   *символьный код*

character data record   *запись символьных данных*

character density   *плотность символов*

character device driver   *драйвер символьного устройства*

character device handle   *обработчик символьного устройства*

character device monitor   *символьный монитор*

character display (device)   *символьный дисплей*

character display terminal   *символьный дисплейный терминал*

character editing   *редактирование символа*

character expression   *символьное выражение*

character font   *символьный шрифт*

character generation   *генерация символов*

character generator   *генератор символов*

character graphics   *символьная графика*

character key   *клавиша символа*

character legibility   *разборчивость символа*

character location   *местоположение символа*

character mode   *текстовый режим*

character-oriented protocol   *символьно-ориентированный пртокол*

character pitch   *шаг расположения знаков*

character position   *позиция символа*

character printer   *посимвольное печатающее устройство*

character reader   *символьная программа ввода, символьное считывающее устройство*

character recognition   *оптическое распознавание символов*

character row   *строка символов*

character set   *алфавит, набор символов*

character shift-in   *знак или символ возврата к прежней последовательности*

character signal   *символьный сигнал*

characters per inch (cpi)   [unit] *символов на дюйм (единица измерения плотности печати)*

characters per line (cpl)   [unit] *символов на строку (единица измерения ширины страницы)*

characters per second (cps)   [unit] *символов в секунду (единица измерения скорости печати)*

character string   *символьная строка, строка символов*

character subset   *подмножество знаков*

character width   *ширина символа*

character wraparound   *символ циклического перехода*

charge-coupled device (CCD)   *устройство с накоплением заряда*

chart   *график, диаграмма, схема, таблица*

chart (vb.)   *чертеж*

chart driving   *схема управления*

chart recorder   *запись на ленте самописца, лента самописца*

chart speed   *скорость записи диаграммы*

cheap computer   *дешевый компьютер*

check   *контроль, проверка*

check (vb.)   *контролировать, проверять*

checkback signal   *ответный контрольный сигнал*

check bit   *контрольный бит, проверочный бит*

check box   *контрольный ящик*

check character   *контрольный символ*

check digit   *контрольная цифра, поразрядная проверка*

check field   *контрольное поле*

checking   *проверка*

checking program   *контрольная программа, программа проверки*

check key   *клавиша проверки*

check list   *контрольный список*

check mark   [graph.] *контрольный маркер*

check-off list   *лист контроля*

checkout   *отладка*

check out (vb.)   *налаживать, проверять*

checkpoint   *контрольная точка*

checkpoint file   *контрольный файл*

checkpoint routine   *контрольная процедура*

check problem   *проблема проверки*

check program   *контрольная программа*

check register   *контрольный регистр*

check row   *контрольный ряд*

check sample   *контрольный образец*

check sum   *контрольная сумма*

check symbol   *контрольный символ*

check-up   *строгая проверка*

child   *подчиненный*

childless node   *терминальный узел*

chip   *кристалл, элементарный сигнал;* [el.] *микросхема;* [prof.] *чип*

chip card   *печатная плата, плата для кристаллов*

chip complexity   *степень сложности микросхемы*

chip density   *плотность кристалла*

chip enable (CE) (vb.)   *разрешение выборки, разрешение по выходу*

chip enable gate   *разрешение выборки микросхемы*

chip microprocessor   *микросхема микропроцессора*

choice   *вариант*

choose (vb.)   *выбирать*

chopper   *прерыватель*

CI (carry in)   *входной сигнал переноса*

CIM (computer input microfilm)   *машинный микрофильм*

CIM (computer-integrated manufacturing)   *компьютеризированное производство*

cine mode   *фотоспособ (с продольным расположением изображений на пленке)*

cipher   *шифр*

cipher (vb.)   *зашифровывать, кодировать*

cipher code   *зашифрованный код*

cipher-decipher unit   *модуль шифрации-дешифрации*

ciphering   *шифровка*

ciphering machine   *шифровальная машина*

cipher key   *заблокированная клавиша, шифровальная клавиша*

cipher stream   *зашифрованный поток*

cipher system   *закрытая система, зашифрованная система*

cipher text   *зашифрованный текст*

circle   *круг*

circle diagram   *круговая диаграмма*

circuit   *схема, цепь*

circuit board   *монтажная плата, печатная плата*

circuit breaker   *автоматический выключатель*

circuit card   *печатная плата*

circuit emulator   *эмулятор цепи*

circuit module   *электронный модуль*

circuitry   *схемотехника*

circuit-switched connection   *схемно-переключаемое соединение*

circuit-switched network   *переключаемая сеть*

Circuit Switched Public Data Network (CSPDN)   [telecom.] *переключаемая общественная сеть данных*

circuit switching   *электронное переключение*

circular chart   *круговая диаграмма*

circular diagram   *круговая диаграмма*

circular shift   *круговой сдвиг*

circulating storage   *циркулярное хранение*

circulating store   *циркулярное хранение*

circulation   *циркуляция*

circumference   *окружность, периферия*

circumferential   *периферийный*

circumflex   [graph.] *диакритический знак над гласной, циркумфлекс*

CISC (complex instruction set computer)   *компьютер с полным набором команд*

CL (clock)   *генератор тактовых импульсов, схема синхронизации, часы*

CLA (carry look ahead)   *ускоренный перенос*

clad printed circuit board   [el.] *дополнительный принтерный блок*

clamp   *фиксатор, фиксирующая схема*

clamp (vb.)   *фиксировать*

clamping   *ограничение*

clarification   *очистка*

classification   *классификация*

classified   *сертифицированный*

classify (vb.)   *классифицировать*

clause   *дизъюнкт (в ПРОЛОГе), предложение (в КОБОЛе)*

clean-up routine   *очищающая процедура*

clear   *пустой, свободный, чистка*

clear (vb.)   *гасить, очищать, устанавливать в исходное состояние*

clear (CLR) (vb.)   *очистка*

clear a fault (vb.)   *исправить ошибку*

clear all tabs   *сбросить все символы табуляции*

clearance   *гашение, очистка*

clear display   *пустой экран дисплея*

clear faults (vb.)   *исправлять ошибки*

clearing   *гашение, очистка*

clearing breakpoints   *отмена точек прерывания*

clearing the memory   *очистка памяти*

clearing the screen   *очистка экрана*

clear line   *линия сброса*

clearness   *четкость*

clear picture   *четкое изображение*

clear tab   *сброшенный табулятор*

clear to send (CTS)   *сигнал готовности внешнего устройства принять данные*

click (vb.)   *щелчок*

clip   *зажим*

clip (vb.)   *ограничивать, отсекать (графическое изображение)*

clipboard   *буфер вырезанного изображения*

clipping   *ограничение, срезание*

clock (CL)   *генератор тактовых импульсов, схема синхронизации, часы*

clock driver   *драйвер синхронизации, драйвер часов*

clock frequency   *частота синхронизации, частота тактирования*

clock-frequency maximum   *максимальная частота синхронизации*

clock generator   *генератор синхронизирующих импульсов, генератор тактовых импульсов, задающий генератор*

clocking   *синхронизация*

clock master   *главная схема синхронизации, главная тактовая последовательность*

clock pulse   *импульсный синхронизирующий сигнал*

clock rate   *тактовая частота*

clock register   *регистр синхронизации, регистр управления генератором, регистр часов*

clock signal   *сигнал генератора тактовых импульсов, тактовый сигнал*

clock tick   *период тактовой последовательности*

clock time   *продолжительность такта*

clock track   *дорожка синхронизации*

clone   *имитация*

close (vb.)   *завершить, закрыть*

close a file (vb.)   *закрыть файл*

closed classification   *закрытая классификация*

closed entry   [el.]   *закрытый вход (в электронной схеме)*

closed loop   *замкнутая петля, замкнутый контур, замкнутый цикл*

closed network   *замкнутая сеть*

closed subroutine   *замкнутая подпрограмма*

closed user group   *замкнутая группа пользователей*

closely set   [mat.]   *плотное множество*

closely spaced *на близком расстоянии друг от друга, с узким интервалом*

close-packed structure *плотно упакованная структура*

closing *замыкание*

closure *замыкание*

CLR (clear) (vb.) *вход очистки (у схемы)*

cluster *группа абонентов, кластер, многопроцессорный вычислительный модуль (многомодульной системы), пакет, пачка*

cluster controller *контроллер группы (терминалов)*

CML (current mode logic) *токовая логика*

CMS (configuration management system) *система управления конфигурацией*

CNC (computer numerical control) *компьютерный цифровой контроль*

coaxial *коаксиальный*

coaxial cable *коаксиальный кабель, соосный кабель*

COBOL (common business oriented language) *КОБОЛ (язык программирования, ориентированный на коммерческие задачи)*

COBOL-compiler *компилятор с языка КОБОЛ*

CODASYL (Conference on Data Systems Languages) *КОДАСИЛ (конференция по языкам систем обработки данных)*

code *код, программировать*

code (vb.) *кодировать, транслировать*

codec (coder-decoder) *кодер-декодер*

code conversion *преобразование кода*

code converter *преобразователь кода*

coded *запрограммированный, кодированный*

coded character set *набор символов, используемых для кодирования*

code-decode system *система кодирования-декодирования*

coded image *закодированное изображение*

coded image space *пространство кодированного изображения*

coded notation *система кодированной записи*

coded query *кодированнный запрос*

coded representation *кодированное представление*

code element *элемент кода*

code extension character *символ расширения кода*

code generator *генератор кода*

code image *образ кода*

code independent system *система, не зависящая от вида кода*

code line *строка программы*

code number *кодовое число*

code-operated switch *программно-управляемый переключатель*

code page *кодовая страница*

code position *кодовая позиция*

coder *кодер*

code set *кодовый набор*

code symbol *кодовый символ*

code system *система кодирования*

code table *кодовая таблица*

code track *отладка программы*

code translation *трансляция программы*

code value *кодовое значение*

code word *кодовое слово*

coding   *кодирование, кодировка, программирование*
coding device   *прибор для кодирования*
coding language   *язык кодирования*
coding scheme   *система кодирования*
coding sheet   *бланк для записи программы*
coding strategy   *стратегия кодирования*
coding system   *система кодирования*
coefficient of correlation   [stat.] *коэффициент корреляции*
coherence   *когерентность, связность*
coherent   *когерентный*
coherent unit   *связной модуль*
cohesion   *связность (графа), связность (сети)*
coil   *катушка, рулон;* [el.] *катушка индуктивности*
coincidence   *совпадение, согласованное положение*
coincidence factor   [stat.] *фактор совпадений*
coincident   *совпадающий*
cold boot   *холодная загрузка*
cold start   *холодный старт*
collapse   *провал, рушиться*
collate (vb.)   *объединять, сортировать, сравнивать*
collating pattern   *проверочный образец*
collating sequence   *схема упорядочения*
collating station   *сортировочный модуль*
collator   *сортировочная машина*
collect (vb.)   *коллекционировать, собирать*
collection   *коллекция, собрание*
collection unit   *узел сбора*
collector   *коллектор*
collision   *конфликт, конфликтная ситуация, столкновение (запросов)*
colon   [graph.] *двоеточие*
colorimetric system   [tv] *система измерения цвета*
colour   *цвет*
colour blending   [tv] *цветовая смесь*
colour display   *цветной дисплей*
colour image   *цветовой образ*
colour look-up table   [tv] *колориметрическая таблица*
colour mixture   [tv] *цветовая смесь*
colour monitor   *цветной монитор*
colour picture   *цветная картинка*
colour rendering   [tv] *цветоотдача*
colour reproduction   [tv] *цветовое воспроизведение*
colour ribbon   [type.] *цветная лента*
column   *графа, колонка, столбец*
column heading   *графа заголовка*
column shift   *сдвиг столбца*
column skip   *пропуск столбца*
columns per line   *колонок на строку (единица измерения)*
column top   *верх столбца*
column total   *общая графа, общий столбец*
column width   *ширина графы, ширина колонки*
COM (computer output microfilm)   *микрофильмирование выходных данных*

combination *комбинация, объединение*

combinational circuit [cl.] *комбинированная схема, объединенная схема*

combinational logic system *комбинированная логическая схема*

combination box *блок соединения*

combination frequency [cl.] *частота соединений*

combinatorial analysis [mat.] *комбинаторный анализ*

combinatorial circuit [cl.] *комбинаторная схема*

combine (vb.) *комбинировать, объединять, сочетать*

combined effect *суммарный эффект*

combined head *комбинированная головка*

combined network *комбинированная сеть*

comma [graph.] *запятая*

comma delimited *ограниченный запятой*

comma delimited file *файл с записями, разделенными запятой*

command *директива, команда, предписание*

command (vb.) *командовать, управлять*

command code *код команды, командный код*

command control *контроль команды, управляющий контроль*

command-driven *командно-управляемый*

command file *командный файл*

command interpreter *командный интерпретатор*

command key *командная клавиша*

command language *командный язык*

command level *командный уровень*

command line *командная линия*

command processor *командный процессор*

command shell *командная оболочка*

command signal *командный сигнал*

command syntax *командный синтаксис*

command word *командное слово*

comma separated value (CSV) *величина, отделенная запятой*

commence (vb.) *начинать*

commencement *начало*

comment *комментарий, примечание*

comment statement *оператор комментария*

commercial computing *коммерческие вычисления*

commercial data processing *обработка коммерческих данных*

commercial 'at' (@) [graph.] *коммерческое A*

commmand expression *командное выражение*

common (adj.) *общий*

common area *общая область*

common business oriented language (COBOL) *КОБОЛ (язык программирования, ориентированный на коммерческие задачи)*

common channel signalling (CCS) [telecom.] *сигнализация по общему каналу*

Common Command Language (CCL) *общий командный язык*

common control section *модуль общего контроля*

common denominator [mat.] *общий знаменатель*

common fraction [mat.] *простая дробь*

common logarithm [mat.] *десятичный логарифм*

common-source power gain [micro.] *усиление от общего источника питания*

common subroutine *стандартная подпрограмма*

common symbol   *стандартный символ*
Common User Access (CUA)   *общий пользовательский доступ*
communicate (vb.)   *передавать, сообщать*
communication   *коммуникация, передача, связь*
communication cable   *кабель для связи*
communication electronics   *электроника для связи*
communication equipment   *коммуникационное оборудование*
communication line   *коммуникационная линия*
communication link   *коммуникационное соединение*
communication network   *коммуникационная сеть, сеть связи*
communications channel   *канал связи*
communications control (CC)   *контроль связи*
communications controller   *контроллер связи*
communications control protocol (CCP)   *протокол контроля связи*
communications control unit (CCU)   *модуль контроля связи*
communication server   *коммуникационный процессор, сетевое*
   обслуживающее устройство
communications format   *формат связи*
communications link encryption   *кодирование информации в линии связи*
communications protection   *защита коммуникаций*
communications protocol   *протокол связи*
communications satellite   *спутник связи*
communications server   *коммуникационный сервер*
community   *контингент*
compact disc (CD)   *компакт-диск*
compact disc read-only memory (CD-ROM)   *постоянная память на*
   компакт-диске
compact disc technology   *технология компакт-диска*
compact programming language   *компактный язык программирования*
companding   [el.] *компандирование*
comparable   *сравнимый*
comparative   *относительный, сравнительный*
comparative operator   *оператор сравнения*
comparative study   *сравнительное обучение*
comparator   *компаратор*
compare (vb.)   *сравнивать*
comparing position   *сравнительная позиция*
comparison   *сравнение*
comparison station   *позиция сравнения*
compatibility   *совместимость, соответствие*
compatibility box   *окно совместимости*
compatible   *совместимый*
compatible peripherals   *совместимая периферия*
compatible time sharing system (CTSS)   *совместимая система разделения*
   времени
compilation   *компилирование, трансляция*
compile (vb.)   *компилировать*
compile duration   *длительность компиляции*
compile phase   *фаза компиляции*
compiler   *компилирующая программа, компилятор*
compiler generator   *система построения трансляторов*

compiler language   *язык компиляции*

compiler program   *компилирующая программа*

compile time   *время компиляции*

compiling computer   *компилирующий компьютер*

compiling program   *компилирующая программа*

complement   *дополнение*

complementary   *дополняющий, комплементарный*

complementary operator   *комплементарный оператор*

complementary transistor logic (CTL)   [el.] *комплементарная транзисторная логика*

complementer   *дополняющая схема, схема образования дополнений*

complete failure   *полный провал*

complete instruction   *завершающая инструкция*

completion phase   *завершающая фаза*

complex   *комплекс*

complex instruction set computer (CISC)   *компьютер с полным набором команд*

complexity factor   *фактор сложности*

complex number   [mat.] *комплексное число*

complex quantity   [mat.] *комплексное множество*

compliance   *соответствие*

comply with   *соглашаться с, соответствовать*

component   *компонент, составная часть, элемент*

component density   *плотность компонент*

component part   *часть компонента*

compose (vb.)   *составлять*

composite console   *композитный монитор*

composite entry   *составной элемент (каталога, списка)*

composite operator   *составной оператор*

composition   *композиция, состав*

comprehensive   *всесторонний, исчерпывающий*

comprehensive plan   *исчерпывающий план*

comprehensive proposal   *исчерпывающее предложение*

compress (vb.)   *компрессировать, сдавливать, сжимать*

compressed font   *сжатый шрифт*

compressibility   *сжимаемость*

compression   *компрессия, сжатие, уплотнение*

compression ratio   *коэффициент сжатия*

compression resistance   *сопротивление сжатия*

comprise (vb.)   *охватывать*

compulsory   *обязательный, принудительный*

computation   *вычисление, расчет, счет*

computational error   *ошибка вычисления*

computational stability   *устойчивость результатов вычислений*

compute (vb.)   *вычислять, считать*

compute mode   *режим вычислений*

computer   *вычислитель, вычислительная машина, компьютер, счетчик*

computer abuse   *нарушение правил эксплуатации компьютера, неправильное обращение с компьютером*

computer-aided (CA)   *автоматизированный*

computer-aided design (CAD)   *автоматизированное проектирование*

computer-aided design/computer-aided manufacturing (CAD/CAM)
  автоматизированное проектирование и производство
computer-aided engineering (CAE) *автоматизированное проектирование*
computer-aided instruction (CAI) *автоматизированное обучение*
computer-aided learning (CAL) *автоматизированное обучение*
computer-aided manufacturing (CAM) *автоматизированное производство*
computer-aided measurement and control (CAMAC) *автоматизированное*
  измерение и контроль
computer-aided planning (CAP) *автоматизированное планирование*
computer-aided remote instruction *автоматизированное дистанционное*
  управление
computer-aided software engineering (CASE) *автоматизированное*
  проектирование программных средств
computer-aided translation (CAT) *автоматизированный перевод*
computer architecture *архитектура компьютера*
computer-assisted *автоматизированный*
computer-assisted engineering (CAE) *автоматизированное*
  проектирование
computer-assisted learning (CAL) *автоматизированое обучение*
computer-assisted management (CAM) *автоматизированная система*
  управления производством
computer-assisted manufacturing (CAM) *автоматизированное*
  производство
computer-assisted monitoring *автоматизированный мониторинг*
computer-assisted planning (CAP) *автоматизированное планирование*
computer-based *основанный на применении компьютера*
computer-based conferencing *совещание по компьютерной связи*
computer calculation *компьютерное вычисление*
computer centre *компьютерный центр*
computer code *компьютерный код*
computer controlled *контролируемый компьютером*
computer controlled plotter *графопостроитель с управлением от*
  компьютера
computer crime *преступление, совершаемое с помощью компьютера*
computer-dependent *компьютерно-зависимый*
computer-dependent language *компьютерно-зависимый язык*
computer development *компьютерное развитие*
computer equipment *компьютерное оборудование*
computer expert *эксперт по компьютерам*
computer family *семейство компьютеров*
computer file *компьютерный файл*
computer fraud *компьютерное мошенничество*
computer game *компьютерная игра*
computer graphics *компьютерная графика*
computer-independent *компьютерно-независимый*
computer-independent language *компьютерно-независимый язык*
computer informatics *информатика*
computer input microfilm (CIM) *машинный микрофильм*
computer instruction *компьютерная инструкция, компьютерная команда*
computer instruction code *код компьютерной команды*
computer instruction set *набор команд компьютера*

computerization *автоматизация, компьютеризация*

computerize (vb.) *автоматизировать вычисления, автоматизировать обработку данных*

computerized *оснащенный компьютерной техникой*

computerized dictionary *компьютеризованный словарь*

computerized numerical control (CNC) *компьютеризованный цифровой контроль*

computerized process control *компьютеризованный контроль процессов*

computerized typesetting [graph.] *компьютерный набор*

computer language *компьютерный язык*

computer log *компьютерный журнал (регистрации)*

computer network *компьютерная сеть*

computer numerical control (CNC) *компьютерный цифровой контроль*

computer operation *компьютерная операция*

computer operator *компьютерный оператор*

computer-oriented language *машинно-ориентированный язык*

computer output microfilm (COM) *выходной компьютерный микрофильм*

computer performance *производительность компьютера*

computer power *мощность компьютера*

computer program *компьютерная программа*

computer program annotation *аннотация компьютерной программы*

computer-related crime *преступление, связанное с компьютером*

computer routine *компьютерная подпрограмма*

computer run *компьютерный запуск*

computer science *наука о компьютерах*

computer scientist *специалист по компьютерам*

computer simulation *компьютерное моделирование*

computer simulation model *компьютерная имитационная модель*

computer store *магазин, торгующий компьютерными принадлежностями*

computer system *компьютерная система*

computer-system audit *проверка компьютерной системы*

computer table *компьютерная таблица*

computer time *компьютерное время*

computer typesetting [graph.] *компьютерный набор*

computer unit *компьютерный модуль*

computer word *компьютерное слово*

computing *вычисление*

computing equipment *вычислительное оборудование*

computing machine *вычислительная машина*

computing program *вычислительная программа*

computing routine *вычислительная стандартная программа*

computing system *вычислительная система*

COM-recorder *устройство записи компьютерного микрофильма*

concatenate (vb.) *каскадировать, связывать, соединять*

concatenation *связывание*

conceal (vb.) *скрывать*

concealed *скрытый*

concentration *концентрация*

conceptual *концептуальный*

conceptual model *концептуальная модель*

conceptual schema *концептуальная схема*

conceptual system design *концептуальное системное проектирование*
conceptual view *концептуальное представление*
conclude (vb.) *делать вывод, заканчивать, заключать*
conclusion *заключение*
concord *договор, соглашение*
concordance *конкорданс (алфавитный список всех слов текста), частотный словарь*
concurrency *параллелизм*
concurrency control *параллельное управление*
concurrent *одновременный, совместный, совпадающий*
concurrent access *одновременный доступ*
concurrent operation *одновременная операция, совместная операция*
concurrent processes *одновременный процесс*
concurrent processing *одновременная обработка*
concurrent programming *совместное программирование*
concurrent working *совместная работа*
condense (vb.) *конденсировать, сгущать, уплотнять*
condensed letter [graph.] *литера уплотненного шрифта*
condensed notation *сокращенная система обозначений*
condensed print [graph.] *плотная печать*
condensed type [graph.] *уплотненная печать*
condition *состояние, условие*
conditional *условное выражение*
conditional branch *оператор условного перехода*
conditional breakpoint instruction *оператор останова по условию*
conditional instruction *условный оператор*
conditional jump *условный переход*
conditional jump instruction *инструкция условного перехода*
conditional prompt *условный запрос (данных)*
conditional statement *условный оператор*
conditional transfer of control *передача управления по условию*
condition code (CC) *код завершения, код ошибки*
condition code register *регистр кода ошибки*
condition monitoring *контроль состояния*
condition name *условное имя*
conduction angle [micro.] *угол проводимости*
conductive foil [el.] *проводящая фольга*
conductor *проводник*
Conference on Data Systems Languages (CODASYL) *КОДАСИЛ (конференция по языкам систем обработки данных)*
confidence level [stat.] *доверительный уровень*
configurable *конфигурируемый*
configuration *конфигурация, состав оборудования*
configuration control *управление конфигурацией*
configuration depending *зависимый от конфигурации*
configuration management *управление конфигурацией*
configuration management system (CMS) *система управления конфигурацией*
configure (vb.) *конфигурировать*
confirm (vb.) *подтверждать*
conflicting assignment *противоречивое присваивание*

conflict with (vb.) *противоречить*

conform (vb.) *согласовывать*

conformance *совместимость*

conformance to requirements *соответствие требованиям*

conglomeration *накопление*

congruence *сравнимость*; [mat.] *конгруэнтность*

congruent *конгруэнтный, сравнимый*

conjugate axis [mat.] *сопряженная ось*

conjugate ranking *сопряженный разряд*

conjunction [lingv.] *спряжение*; [mat.] *логическое умножение*

conjunction gate *сопряженный затвор*

connect (vb.) *подключать, соединять*

connected speech recognition *подключенное устройство
   распознавания речи*

connected time *время связи*

connecting *присоединение*

connect in parallel (vb.) *подключить в параллель*

connect in series (vb.) *стандартно подключать*

connection *связь, соединение*

connectionless *не соединенный*

connection oriented operation *связь с установлением логического
   соединения (в сетях передачи данных)*

connection to earth (UK) *заземление*

connection to frame *присоединение к корпусу*

connection to ground (US) *заземление*

connector *разъем, соединитель*

connector socket *соединительное гнездо*

connect to computer (vb.) *соединять с компьютером*

connect to frame (vb.) [el.] *соединять с корпусом*

consecutive (adj.) *последовательный*

consecutive computer *компьютер без совмещения операций*

consecutive numbering *последовательная нумерация*

consecutive numbers *последовательные числа*

consecutive processing *последовательная обработка*

consecutive sequence *последовательная функция*

consent *согласие*

consent (vb.) *соглашаться*

consider (vb.) *полагать, считать*

consistency *непротиворечивость, целостность*; [stat.] *состоятельность*

consistency check *проверка на непротиворечивость*

consistency control *контроль согласования*

consistent *непротиворечивый, согласованный*

console *операторский терминал, пульт оператора*

console device *пульт управления*

console keyboard *клавиатура терминала*

console operator *оператор терминала*

constant *константа*

constant error *постоянная погрешность*

constituent *компонента, составляющая*

constituent data variable *переменная компонента массива данных*

constitute (vb.) *составлять*

construct (vb.) *конструировать, образовывать*

construction *конструкция, структура*

construction of an equation [mat.] *структура уравнения*

construction of a table *структура таблицы*

constructive method *творческий метод*

consultancy *консультирование*

consultancy agreement *договор о консультировании*

consultant *консультант*

consultant engineer *инженер-консультант*

consultation *консультация*

consultative *совещательный*

consulting engineer *консультирующий инженер*

contact *контакт;* [mat.] *касание*

contemporary *современный*

content(s) *содержание, содержимое*

content-addressable memory (CAM) *ассоциативная память*

content-addressed memory *ассоциативная память*

content-addressed storage *ассоциативное устройство хранения*

content addressing *ассоциативный*

contention *конфликтная ситуация, соперничество (в локальных вычислительных сетях), состязание*

contention mode (of terminals) *режим конкуренции (терминалов)*

contention network *сеть с возможностью возникновения конфликтных ситуаций*

contention resolution *разрешение конфликтной ситуации*

contents heading [graph.] *оглавление*

contents list *оглавление*

context *контекст*

context-addressable *контекстно-адресуемый*

context sensitive help *контекстно-зависимая помощь*

context sensitive rule *контекстно-зависимое правило*

contextual *определяемый по контексту*

contextual help *контекстная помощь*

contiguous *непрерывный, смежный*

contiguous characters *смежные символы*

continuation *продолжение*

continuation card *(перфо)карта продолжения*

continuation line *строка продолжения*

continue (vb.) *продолжать*

continued fraction [mat.] *непрерывная дробь*

continued operation *непрерывный режим работы*

continuity *непрерывность*

continuity equation [mat.] *уравнение непрерывности*

continuity plug *вилка связности (в локальных вычислительных сетях)*

continuous *непрерывный*

continuous adjustment *непрерывное регулирование*

continuous forms *непрерывные формы*

continuous line recorder *регистратор с непрерывной записью*

continuous loop *непрерывный цикл*

continuously adjustable *с бесступенчатым регулированием*

continuously variable *непрерывная переменная*

continuous mode   *непрерывный режим*

continuous operation   *непрерывная операция*

continuous pagination   *непрерывная нумерация страниц*

continuous paper   *непрерывная бумага (ролик)*

continuous speech recognition   *непрерывное распознавание речи*

continuous stationery   *рулонная бумага для печатающего устройства*

continuous tone   *непрерывный тон*

continuous-tone photograph   *полутоновой отпечаток*

continuous-tone reproduction   *воспроизведение с непрерывным спектром полутонов*

contrast   *контраст*

contrast control |tv| *контроль контрастности*

contrast enhancement   *увеличение контрастности*

control   *контроль, управление*

control (vb.)   *контролировать, управлять*

control board   *контрольная панель*

control bus   *контрольная шина*

control card   *контрольная перфокарта, контрольная плата*

control character   *контрольный символ*

control code   *конрольный код*

control code signal   *сигнал контрольного кода*

control column   *контрольный столбец*

control command   *контрольная команда*

control console   *контрольный пульт*

control data – *контрольные данные*

control desk   *пульт управления*

control dictionary   *контрольный словарь*

control field   *контрольное поле*

control field format   *формат контрольного поля*

control instruction register   *регистр контрольной инструкции*

control key   *контрольная клавиша*

controllable   *управляемый*

control language   *язык управления*

controlled access area   *область с управляемым доступом*

controller   *контроллер, регулятор, устройство управления*

control memory   *контрольная память*

control mode   *режим контроля*

control of access   *контроль доступа*

control of production   *контроль продукции*

control organ   *контрольный блок*

control panel   *контрольная панель*

control program   *контрольная программа*

control program for microprocessors (CP/M)   *операционная система для микрокомпьютеров*

control range   *контрольный диапазон*

control read-only memory   *контрольное ПЗУ*

control register   *контрольный регистр*

control statement   *контрольный оператор, оператор управления*

control storage   *контрольное хранение*

control store   *контрольный запас*

control system   *контрольная система*

control tape   *контрольная лента*
control track   *контрольная дорожка*
control transfer   *передача управления*
control transfer instruction   *оператор передачи управления*
control unit   *устройство управления*
control word   *контрольное слово*
conventional design   *базовое проектирование*
conventional execution   *стандартное исполнение*
conventional memory   *базовая память*
convergent sequence   [mat.] *сходящаяся последовательность*
convergent series   [mat.] *сходящийся ряд*
conversation   *диалог*
conversational   *диалоговый, разговорный*
conversational communication   *диалоговая связь*
conversational language   *диалоговый язык*
conversational link   *диалоговое соединение*
conversational mode   *диалоговый режим*
conversational processing   *диалоговая обработка*
conversational programming   *диалоговое программирование*
conversational terminal   *диалоговый терминал*
conversational time-sharing   *диалоговое разделение времени*
conversion   *превращение, преобразование*
conversion chart   *диаграмма преобразования*
conversion factor   *фактор преобразования*
conversion program   *программа преобразования*
conversion scale   *шкала преобразования*
conversion table   *таблица преобразования*
convert (vb.)   *преобразовывать*
converter   *конвертер, преобразователь*
convert the code (vb.)   *преобразовать код*
cooperate (vb.)   *содействовать, сотрудничать*
cooperating   *сотрудничество*
cooperation   *содействие, сотрудничество*
cooperative computing   *совместные вычисления*
cooperative processing   *совместная обработка*
coordinate   [mat.] *координата*
coordinate axis   [mat.] *ось координат*
coordinate indexing   *индексная адресация*
coordinate store   *координатное устройство хранения*
coordinate system   [mat.] *система координат*
coordination   *координация, согласование*
coprocessor   *сопроцессор*
copy   *копия, экземпляр*
copy (vb.)   *копировать*
copy check   *проверка копирования*
copying tissue   *копирка*
copy page   *страница копии*
copy protected   *защищенный от копирования*
copyright   *авторское право*
cord   *шнур*
cordless remote control   *беспроводное дистанционное управление*

core *запоминающее устройство на магнитных сердечниках, оперативная память, ядро операционной системы*

core memory *оперативная память*

core storage *запоминающее устройство*

Cornu spiral [mat.] *спираль Корню*

correct *корректный, правильный*

correct (vb.) *вносить поправки, исправлять, корректировать*

corrected mean [stat.] *скорректированное значение*

correction *исправление, корректирование*

correction button *кнопка коррекции*

correction key *клавиша коррекции*

corrective maintenance *корректирующее обслуживание*

correlation *корреляция*

correlation analysis [stat.] *корреляционный анализ*

correlation coefficient [stat.] *корреляционный коэффициент*

correlation of registers *регистровая корреляция*

correspond (vb.) *переписываться, соответствовать*

correspondence quality printing *качественная печать*

corresponding *соответственный*

corrupted data *испорченные данные*

corrupted file *испорченный файл*

cosecant [mat.] *косеканс*

cosine [mat.] *косинус*

cost benefit analysis *стоимостной анализ*

cost effectiveness study *экономическое обоснование*

cost function *функция стоимости*

costing *расчет стоимости*

cotangent [mat.] *котангенс*

count *подсчет, счет*

count (vb.) *подсчитывать, считать*

count-controlled *регулируемый по счету*

counter *пересчетное устройство, счетчик*

counter (CTR) *счетчик*

counter reset *сброс счетчика*

counter unit *счетное устройство*

counting device *счетное устройство*

counting pulse *счетная импульсная последовательность*

counting register *регистр для счета, счетный регистр*

country of origin *страна происхождения*

couple *пара*

couple (vb.) *спаривать*

couple back (vb.) [el.] *рассоединять*

coupler *объединитель (в ЛВС)*

coupling *связь, соединение*

coupling in parallel *параллельное соединение*

courseware *программное обеспечение для обучения*

covariance [stat.] *ковариация*

cover *покрытие*

cover (vb.) *покрывать*

CP (carry propagate) *вход переноса (у счетчика)*

cpi (characters per inch) [unit] *символов на дюйм (единица плотности печати)*

cpl (characters per line) [unit] *символов на строку (единица плотности печати)*

CP/M (control program for microprocessors) *операционная система для микрокомпьютеров*

CPM (critical path method) *метод критического пути*

cps (characters per second) [unit] *символов в секунду (единица скорости печати)*

CPU (central processing unit) *центральный процессор*

crack (vb.) *взламывать, раскалывать*

crash *аварийная ситуация, фатальный сбой системы*

CRC (cyclical redundancy check) *контроль циклическим избыточным кодом*

create (vb.) *создавать, творить*

creation date *дата создания*

creation date of file *дата создания файла*

creep *сползание*

criterion *критерий, признак*

critical data *решающие данные*

critical path [stat.] *критический путь*

critical path method (CPM) [stat.] *метод критического пути*

critical region *критическая область*

critical section *критическая секция*

cross-assembler *кросс-ассемблер*

cross-check *двойная проверка*

cross-checking *перекрестный контроль*

cross compiler *кросс-компилятор*

cross hairs [graph.] *перекрестие (форма курсора)*

cross hatch (#) [graph.] *символ решетки*

cross hatch pattern [tv] *изображение сетки*

crossline [graph.] *линия пересечения*

crossline screen *экран с перекрестием*

cross-link (vb.) *перекрестно связывать*

cross off (vb.) *вычеркивать*

cross out (vb.) *вычеркивать*

cross ratio [mat.] *перекрестное отношение*

cross reference *перекрестная ссылка*

cross reference table *таблица перекрестных ссылок*

crosstalk [el.] *перекрестные помехи*

crowd *уплотнение*

CRT (cathode ray tube) [el.] *электронно-лучевая трубка (ЭЛТ)*

CRT terminal (cathode ray tube terminal) *терминал на электронно-лучевой трубке*

crunch (vb.) *уплотнять*

cryotron *криотрон*

cryptic *сокровенный, таинственный*

crypto- *крипто-*

cryptogram *криптограмма*

cryptograph *криптограмма*

cryptographic hardware *криптографическая аппаратура, шифровальное оборудование*

cryptographic transformation *криптографическое преобразование, шифрование*

cryptography *криптография*

cryptosystem *криптосистема*

crystal *кварц, кристалл*

CSPDN (Circuit Switched Public Data Network) *переключаемая общественная сеть данных*

CSV (comma separated value) *величина, отделенная запятой*

CTL (capacitor-transistor logic) *емкостно-транзисторная логика*

CTL (complementary transistor logic) *комплементарная транзисторная логика*

CTR (counter) *вход счетчика, счетчик*

CTRL key *клавиша, используемая для ввода управляющих кодов*

CTS (clear to send) *сигнал готовности внешнего устройства принять данные*

CTSS (compatible time sharing system) *совместимая система разделения времени*

CUA (Common User Access) *общий пользовательский доступ*

cube [mat.] *третья степень*

cube (vb.) [mat.] *возводить в куб, возводить в третью степень*

cubed [mat.] *возведенный в третью степень*

cube root [mat.] *кубический корень*

cubic equation [mat.] *уравнение третьей степени*

cubic root [mat.] *кубический корень*

cue *команда вызова подпрограммы*

cue track *сигнальная дорожка (на фонограмме)*

cumulant *накопитель*

cumulating curve *характеристика накопителя;* [stat.] *характеристика накопления*

cumulation *аккумуляция, накопление*

cumulative *интегральный, накопленный*

cumulative curve *интегральная характеристика*

cumulative error *ошибка накопления*

cumulative frequency curve [stat.] *интегральная частотная характеристика*

cumulative frequency function [stat.] *интегральная частотная функция*

cumulative probability [stat.] *интегральная вероятность*

cumulative probability function [stat.] *интегральная функция вероятности*

cumulative quantity *совокупное количество*

cumulative value *интегральная величина*

curl *спираль;* [el.] *виток*

curl (vb.) [mat.] *виться*

curl of a vector [mat.] *ротор векторного поля*

current *ток*

current (adj.) *текущий*

current directory *текущая директория*

current feed *подача тока*

current loop *токовая петля*

current model *текущая модель*

current mode logic (CML) *токовая логика*

current protection *защита по току, текущее состояние защиты*

current record *текущая запись*

current supply *источник тока*

cursive [graph.] *курсив*

cursor *курсор, указатель*

cursor control key *клавиша управления курсором*

cursor home position *начальная позиция курсора*

cursor key *клавиша курсора*

cursor movement *движение курсора*

cursor movement key *клавиша движения курсора*

curve *кривая;* [mat.] *характеристика*

curve follower *графоповторитель*

curve generator *генератор кривых*

curve of normal distribution of errors [stat.] *кривая нормального распределния ошибок*

curve plotter *графопостроитель*

curve recorder *регистратор кривых*

curve tracer *трассировщик кривых*

custom-built *изготовленный на заказ*

custom design *заказное проектирование*

customer assistance *помощь покупателю*

custom-fabricated *изготовленный на заказ*

customization *настройка (системы для ее соответствия конкретному применению)*

customize (vb.) *настраивать*

customized plant *заказная самомодификация программы*

custom-made *изготовленный на заказ*

cut *разрез*

cut (vb.) *резать*

cut and paste (vb.) *резать и клеить*

cut form *бумага, состоящая из отдельных страниц;* [graph.] *страница*

cutline *линия отреза*

cut sheet *разрезанный лист*

cutting tool *инструмент для резки*

cycle *такт, цикл*

cycles per second (cps) [unit] *периодов в секунду (единица измерения частоты)*

cycle time *время цикла*

cycle timer *таймер цикла*

cyclic(al) *циклический*

cyclical redundancy check (CRC) *контроль циклическим избыточным кодом*

cyclic storage *циклическое запоминающее устройство*

cyclic store *циклическая память*

cyclic time *время цикла*

cycloid [mat.] *циклоида*

cylinder *цилиндр (группа дорожек дискового пакета)*

cypher *шифр*

D

DAC (digital-to-analog converter)   *цифро-аналоговый преобразователь*
DACC (data accepted)   *сигнал принятия данных*
daisy chain   *последовательная цепочка, шлейфовое подключение*
daisywheel   *лепестковый шрифтоноситель ('ромашка')*
daisywheel printer   *принтер с 'ромашкой'*
damage   *повреждение*
damage of data   *повреждение данных*
damage to data   *повреждение данных*
damping   *демпфирование, затухание*
danger   *опасность*
danger of radiation   *радиационная опасность*
dark   *темнота*
dark-trace screen   [el.] *скиатрон*
DASD (direct access storage device)   *устройство памяти с прямым доступом*
dash   *тире*
dash-dot line   *штрих-пунктирная линия*
dashed line   *прерывистая линия*
data   *данные, информация*
data abuse   *неправильное обращение к данным*
data accepted (DACC)   *сигнал принятия данных*
data access arrangement   *устройство доступа к данным*
data acquisition   *сбор данных*
data acquisition terminal   *терминал для сбора информации*
data activity   *обработка запроса данных*
data administration   *управление данными*
data amount   *количество данных*
data-analysis techniques   *технология анализа данных*
data area   *область данных*
data attribute   *атрибут данных*
data bank   *банк данных*
data bank administrator   *администратор банка данных*
data bank management   *управление базой данных*
database (DB)   *база данных*
database administrator (DBA)   *администратор базы данных*
database communication system   *система связи базы данных*
database creation   *создание базы данных*
database definition   *определение базы данных*
database design   *проектирование базы данных*
database environment   *среда базы данных*
database instruction   *инструкция базы данных*
database management   *управление базой данных*
database management system (DBMS)   *система управления базами данных*
database server   *сервер базы данных*
data bit   *бит данных*
data bus   *шина данных*
data byte (DBY)   *байт данных*
data capture   *сбор данных (от измерительных приборов)*
data card   *карта данных*

data carrier   *носитель данных*

data cartridge   *кассета для хранения данных*

data cell   *ячейка данных*

data centre   *центр обработки данных*

data channel   *канал данных*

data channel multiplexer   *мультиплексор канала данных*

data circuit   *канал передачи данных*

data circuit-terminating equipment (DCE)   *оборудование для сбора и передачи данных*

data code   *код данных*

data collection   *сбор данных*

DATACOM   *система передачи данных*

data communication (DC)   *передача данных*

data communications equipment (DCE)   *оборудование передачи данных*

data complexity   *сложность данных*

data compression   *сжатие данных*

data compression algorithm   *алгоритм сжатия данных*

data concentrator   *накопитель данных*

data condensation   *уплотнение данных*

data contamination   *загрязнение данных*

data content   *содержание данных*

data control   *управление данными*

data control block   *блок управления данными*

data controller   *контроллер данных*

data conversion   *преобразование данных*

data converter   *преобразователь данных*

data corruption   *искажение данных*

data declaration   *описание данных*

data decoding   *декодирование данных*

data definition   *определение данных*

data delimiter   *ограничитель данных*

data-dependent access control   *зависимый от данных контроль доступа*

data description   *описание данных*

data description language (DDL)   *язык описания данных*

data diagram   *диаграмма данных*

data dictionary   *словарь данных*

data display   *визуальное представление данных*

datadriven   *управляемый данными*

data electronics   *вычислительная электроника*

data element   *элемент данных*

data encryption standard (DES)   *стандарт кодирования данных*

data entry   *ввод данных, информационный элемент (в отличие от управляющего элемента)*

data-entry keyboard   *клавиатура для ввода данных*

data entry screen   *трафарет ввода данных*

data entry terminal   *терминал ввода данных*

data entry virtual terminal (DEVT)   *виртуальный терминал ввода данных*

data escape signal   *сигнал потери данных*

data exchange   *обмен данными*

data extension   *расширение данных*

data field   *поле данных*

data file   *файл данных*

data filing   *сохранение данных в файле*

data flow   *поток данных*

data flowchart   *блок-схема данных*

data flow control   *управление потоком данных*

data flow diagram   *диаграмма потока данных*

data format   *формат данных*

data gathering   *сбор данных*

data handling   *обработка данных*

data hierarchy   *иерархия данных*

data in (DIN)   *вход данных (у микросхемы)*

data independence   *независимость (от) данных*

data independent   *независимый от данных*

data input   *ввод данных*

data input/output controller   *контроллер ввода-вывода данных*

data input station   *станция ввода в сети передачи данных*

data inquiry   *запрос данных*

data integrity   *целостность данных*

data interchange   *обмен данными*

data interchange format (DIF)   *формат обмена данными*

data item   *элемент данных, обрабатываемый как единое целое*

data level   *уровень данных*

data link   *канал связи*

data link control   *управление каналом связи*

data link layer   *канальный уровень (взаимодействия в сетях передачи данных)*

data list   *список данных*

data logger   *регистратор данных*

data logging   *запись данных, регистрация данных*

data maintenance   *сопровождение данных*

data management   *управление данными*

data management system   *система управления данными*

data manager   [telecom.] *администратор данных (в сети)*

data manipulation   *обработка данных*

data manipulation language (DML)   *язык обработки данных*

datamatics   *автоматизация обработки данных*

datamation   *вычислительная техника*

data medium   *носитель данных*

data migration   *перемещение данных*

data modelling   *моделирование данных*

data multiplexer   *мультиплексор данных*

data network   *сеть передачи данных*

data network topology   *топология сети передачи данных*

data occurrence   *экземпляр данных*

data organization   *организация данных*

data out (DOUT)   *выход данных*

data output   *вывод данных*

data path   *путь доступа к данным*

data performance   *эффективность данных*

data power   *эффективность данных*

data processing (DP)   *обработка данных*

data processing centre   *центр обработки данных*

data processing equipment   *оборудование для обработки данных*

data processing machine   *машина для обработки данных*

data processing manager   *программа управления обработкой данных*

data processing node   *узел обработки данных*

data processing personnel   *персонал для обработки данных*

data processing station   *станция обработки данных*

data processing system   *система обработки данных*

data processing system security   *защита систем обработки данных от несанкционированного доступа*

data processor   *процессор данных*

data protection   *защита данных*

data rate   *скорость передачи данных*

data recording   *запись данных*

data recovery   *восстановление данных*

data reduction   *сокращение данных*

data register (DR)   *регистр данных*

data reliability   *надежность данных*

data retrieval   *процесс выборки данных*

data safety   *безопасность данных*

data screen   *экран данных*

data security   *защита данных*

data selection   *выделение данных*

data service bureau   *отдел обслуживания данных*

data set   *набор данных, файл*

data set control block (DSCB)   *блок описания файла*

data set ready (DSR)   [telecom.] *сигнал готовности данных*

data sheet   *схема данных, таблица данных*

data signal   *сигнал данных*

data signalling rate   *скорость прохождения данных*

data sink   *приемник данных*

data sorting   *сортировка данных*

data source   *источник данных*

data station   *станция сети передачи данных*

data stock   *запас данных*

data storage   *устройство хранения данных*

data storage and retrieval system   *система хранения и восстановления данных*

data store   *память данных, хранилище данных*

data stream   *поток данных*

data strobe   *строб данных*

data structure   *структура данных*

data switch   *переключатель данных*

data switching centre (DSC)   *центр переключения данных*

data switching exchange   *переключение обмена данными*

data symbol   *символ данных*

data terminal equipment (DTE)   *оборудование терминала данных*

data terminal ready (DTR)   *готовность терминала данных, сигнал готовности станции данных*

data traffic   *поток обмена данных*

data transfer   *перенос данных, пересылка данных*

data transfer phase *фаза передачи данных*

data transfer rate *скорость передачи данных*

data transformation *преобразование данных, трансформация данных*

data transmission *передача данных*

data transmission interface *интерфейс передачи данных*

data transmission line *линия передачи данных*

data transport *перемещение данных*

data transportation network *сеть передачи данных*

data trespass *злоупотребление информацией*

data type *тип данных*

data valid *верность данных*

data validation *проверка данных*

data word *слово данных*

date, out of *устаревший*

DB (database) *база данных*

DBA (database administrator) *администратор базы данных*

DBMS (database management system) *система управления базами данных*

DBY (data byte) *байт данных*

DC (data communication) *коммуникация данных*

DC (direct current) [el.] *постоянный ток*

DCE (data circuit-terminating equipment) *оборудование для сбора и обработки данных*

DCE (data communications equipment) *оборудование передачи данных*

DD (double delay) *двойная задержка*

DDL (data description language) *язык описания данных*

DDP (distributed data processing) *распределенная обработка данных*

deactivate (vb.) *отключать (об устройстве передачи данных), отменять (о режиме), уничтожать (о процессе, задаче)*

dead *пассивный*

dead file *потерянный файл*

dead key *пассивная клавиша*

deadline *срок окончания (работы)*

deadlock *тупиковая ситуация*

deadly embrace *тупиковая ситуация*

dead time *пассивное время*

deallocate (vb.) *освобождать*

debug (vb.) *отлаживать*

debugger *отладчик, программа отладки*

debugging *наладка, отладка*

decadic classification *десятичная классификация*

decentralized data processing *децентрализованная обработка данных*

decimal [mat.] *десятичная дробь, десятичный*

decimal notation *десятичная система обозначения*

decimal number *десятичный номер*

decimal numeral *десятичная цифра*

decimal point *десятичная точка*

decimal scale *десятичная шкала*

decimal tab(ulator) *десятичная табуляция*

decimal-to-binary conversion *десятично-двоичное преобразование*

decipher (vb.) *декодировать*

decision *выбор, решение*

decision instruction   *команда условного перехода*

decision support system (DSS)   *информационная модель (система поддержки принятия решений)*

decision table   *таблица выбора*

decision tree   *дерево выбора*

declaration   *описание*

declaration of principle   *описание принципа*

declarative language   *язык описаний*

decline   *отклонять*

decode (vb.)   *декодировать, дешифровать*

decoder   *декодер;* [tv] *дешифратор*

decoding   *декодирование, дешифрирование*

decoding device   *устройство декодирования*

decollating of continuous stationery   *разделение рулонной бумаги на страницы*

decomposition into blocks   [mat.] *представление сложного объекта в виде композиции блоков*

decompression   *декомпрессия*

decrease   *уменьшение*

decrease (vb.)   *уменьшать*

decrement   *уменьшение*

decrement (vb.)   *уменьшать*

decrypt (vb.)   *декодировать, дешифрировать*

decryption   *декодирование*

dedicated   *выделенный*

dedicated channel   [telecom.] *выделенный канал, назначенный канал*

dedicated circuit   *выделенная схема*

dedicated device   [telecom.] *выделенное устройство*

dedicated line   [telecom.] *выделенная линия*

dedicated mode   *выделенный режим*

dedicated system   *выделенная система*

deduce (vb.)   *выводить, прослеживать*

deduction   *вывод*

de-energized   *деактивированный*

default   *(используемый) по умолчанию, умолчание*

default answer   *ответ по умолчанию*

default directory   *директория по умолчанию*

default drive   *текущий диск*

default extension   *расширение по умолчанию*

default key   *клавиша по умолчанию*

default option   *вариант, выбираемый по умолчанию, параметр, выбираемый по умолчанию*

default server   *текущее обслуживающее устройство (в сети)*

default value   *величина по умолчанию*

deferred addressing   *косвенная адресация*

deferred message delivery   *доставка сообщений с запаздыванием*

deferred printout   *задержанный вывод на печать*

deferred updating   *корректировка задержки*

definable   *определимый*

define (vb.)   *определять, формулировать задачу*

defined display area   *определенная дисплейная область*

definite integral [mat.] *определенный интеграл*

definition *определение;* |graph.| *описание, разрешение*

degauss (vb.) *размагничивать*

degree of darkness *степень темного*

degree of order [mat.] *порядок степени*

DEL (delete character) *символ стирания*

delay *задержка, запаздывание*

delayed updating *задержанная корректировка*

delay time *величина временной задержки*

delete (vb.) *стирать, удалять*

delete character (DEL) *символ удаления*

delete key *клавиша удаления*

deletion *стирание*

deliberate *намеренный*

deliberate data modification *намеренная модификация данных*

deliberate thrashing *намеренная перегрузка (системы управления памятью)*

delimit (vb.) *установить границы*

delimitation *определение границ*

delimiter *ограничитель, разделитель*

deliver (vb.) *доставлять*

delivery *выдача, доставка*

delivery tray *подающий лоток*

del key *клавиша удаления*

delta modulation *дельта-модуляция*

demagnetize (vb.) *размагничивать*

demand *запрос, требование*

demand paging *запрос на подкачку страниц (в системах виртуальной памяти)*

demarcation *установление границ*

demodulate (vb.) *демодулировать*

demodulator *демодулятор*

demonstrate (vb.) *демонстрировать*

demultiplexer (DMUX) *демультиплексор*

denominate (vb.) *называть, определять*

denomination [mat.] *название, наименование*

denominator [mat.] *делитель, знаменатель*

dense *густой, плотный*

densification *уплотнение*

density *интенсивность, плотность*

density function [stat.] *функция плотности*

depart (vb.) *отбывать, уезжать*

department *отдел, отрасль*

departmental computer *учрежденческий компьютер*

dependability *надежность*

dependent segment *зависимый сегмент*

deplete (vb.) *истощать, исчерпывать*

depletion *истощение*

deploy (vb.) *развертывать*

depot *депо, склад, станция*

depress (vb.) *угнетать, удручать*

depression *депрессия*

depth *глубина*

depth of indexing *глубина индексации*

deque [math.] *двусторонняя очередь*

dequeue (vb.) *выводить (исключать) из очереди*

derivation *вывод (в порождающей грамматике)*

derivative [mat.] *производная*

derivative action coefficient [mat.] *коэффициент воздействия по производной*

derive (vb.) [mat.] *брать производную, дифференцировать*

DES (data encryption standard) *стандарт кодирования данных*

descendant *наследник (в АЛГОЛе), потомок (вершина дерева)*

descender *буква с нижним выносным элементом, подстрочный элемент (литеры)*

descending order sort *сортировка в порядке убывания элементов*

describe (vb.) *описывать*

describing function *описывающая функция*

description *описание, характеристика*

descriptor *дескриптор, описатель*

design *конструирование, проектирование, разработка*

design (vb.) *конструировать, проектировать, разрабатывать*

design agreement *соглашение по проектированию*

designate (vb.) *маркировать, обозначать*

designation *маркировка, обозначение*

designation symbol *символ маркировки*

design control *контроль проектирования*

designer *конструктор, проектировщик*

design process *процесс проектирования*

design project *конструирование проекта*

desk *пульт, стенд, щит*

desk check *проверка правильности работы программы без применения компьютера ('домашний анализ')*

desktop computer *настольный компьютер*

desktop publishing (DTP) *настольное издательство*

desk-top publishing (DTP) *настольная издательская система*

destination *адресат информации, пункт назначения*

destination address *адрес пункта назначения*

destroy (vb.) *разрушать, уничтожать*

destructive memory *разрушаемая память*

destructive reading *считывание с разрушением информации*

detachment *разделение (носителей данных)*

detect (vb.) *детектировать, обнаруживать*

determinant [mat.] *детерминант, определитель*

DEVCLR (device clear) *вход очистки устройства*

develop (vb.) *разрабатывать*

development cycle *цикл разработки*

development time *время разработки*

development tool *инструмент для разработки*

deviate (vb.) *отклоняться*

deviation *отклонение, сдвиг (величины)*

device *механизм, прибор, приспособление, устройство*

device clear (DEVCLR) *вход очистки устройства*

device control *управление прибором*

device control character *символ управления устройством (DC)*

device control unit *модуль управления устройством*

device driver *драйвер устройства*

device driver helper routine *подпрограмма помощи драйвера*

device header *заголовок драйвера устройства*

device independent *не зависящий от (внешних) устройств*

device name *название прибора, название устройства*

device queue *очередь устройств*

device type *тип устройства*

device under test *тестируемое устройство*

DEVT (data entry virtual terminal) *виртуальный терминал ввода данных*

Dewey decimal system [mat.] *десятичная система Дьюи*

diacritical mark [graph.] *диакритический знак*

diagnose (vb.) *диагностировать*

diagnosis *диагноз*

diagnostic *диагностический*

diagnostic program *диагностическая программа*

diagnostic routine *диагностическая процедура*

diagonal (adj.) *диагональный*

diagonal brace [graph.] *диагональная связь*

diagonal matrix [mat.] *диагональная матрица*

diagram *график, диаграмма, схема*

diagrammatic *схематическое изображение*

dial *круговая шкала, наборный диск, устанавливать связь*

dial (vb.) *набирать код*

dialing *дисковый набор, кодовый вызов*

dial line *коммутируемая линия связи*

dialog (US) *диалог, общение*

dialog box *диалоговый блок*

dialogue (UK) *диалог, общение*

dial-up *кодовый вызов*

dial-up equipment *коммутируемое оборудование*

dial-up line *линия вызова*

dial-up receiver *приемник кодового вызова*

dial-up terminal *связной терминал*

dial-up time *время коммутации*

diazo film *пленка диазосоединения (диазокрасителя)*

dichotomizing search *двоичный поиск*

dictate (vb.) *предписывать*

dictionary *словарь*

dielectric *диэлектрик*

DIF (data interchange format) *формат обмена данными*

difference *приращение, различие, разность*

different *различный, разный*

differential analyzer *дифференциальный анализатор*

differential calculus [mat.] *дифференциальное исчисление*

differential coefficient [mat.] *дифференциальный коэффициент*

differential equation [mat.] *дифференциальное уравнение*

differential function [mat.] *дифференциальная функция*

differential quotient [mat.] *дифференциальное отношение*

differentiate (vb.) [mat.] *брать производную*

differentiation *дифференцирование*

differ from (vb.) *отличаться от*

difficult *трудный*

diffuse (vb.) *распространять*

diffusion *диффузия, распространение*

digit *разряд, цифра*

digital *цифровой*

digital clock *цифровые часы*

digital computer *цифровой компьютер*

digital data *цифровые данные*

digital display *цифровой дисплей*

digital equipment *цифровое оборудование*

digital form *цифровая форма*

digital image recording *цифровая запись изображения*

digitalization *преобразование в цифровую форму*

digitalize (vb.) *преобразовать в цифровую форму*

digital keyboard *цифровая клавиатура*

digital raster image *цифровой растр*

digital read-out *цифровое считывание*

digital recording *цифровая запись*

digital representation *цифровое представление*

digital signal *цифровой сигнал*

digital-to-analog conversion *цифро-аналоговое преобразование*

digital-to-analog converter (DAC) *цифро-аналоговый преобразователь*

digital-to-analog interface *цифро-аналоговый интерфейс*

digital transmission *цифровая передача (данных)*

digitization *преобразование в цифровую форму*

digitize (vb.) *оцифровывать, преобразовывать в цифровую форму*

digitizer *устройство ввода графической информации, цифровой датчик, цифровой преобразователь*

digitizer tablet *цифровой планшет*

digitizing *оцифровывание*

digit rate *цифровая скорость (передачи)*

digit string *цифровая строка*

DIM (dimension) *измерение, размерность*

dimension (vb.) *измерять*

dimension (DIM) *измерение, размерность*

dimensional accuracy *точность измерения*

dimensional change *изменение размерности*

dimensioning *задание размеров*

diminish (vb.) *снижать*

DIN (data in) *вход данных*

diode [el.] *диод*

dip (vb.) [micro.] *погружать*

DIP switch (dual-in-line package switch) *переключатель в корпусе с двухрядным расположением выводов*

DIR (directory) *директория, оглавление, справочник*

direct (vb.) *направлять, ориентировать, управлять*

direct access *прямой доступ*

direct access storage   *запоминающее устройство с прямым доступом*

direct access storage device (DASD)   *устройство хранения с прямым доступом*

direct address   *прямой адрес*

direct addressing   *прямая адресация*

direct connect   *прямое соединение*

direct control   *непосредственное управление*

direct current (DC)   [el.] *постоянный ток*

direct data capture   *прямой сбор данных*

direct data entry   *прямой ввод данных*

direct instruction   *инструкция управления, прямая инструкция*

direction   *направление, указание*

directions for use   *указания по использованию*

directives   *директивы*

direct memory access (DMA)   *прямой доступ к памяти*

direct organization   *прямая организация*

directory (DIR)   *директория, оглавление, справочник*

dirt   *примесь*

dirty   *грязный*

disable (vb.)   *блокировать, выводить из строя, запирать*

disabled   *блокированный*

disable pulse   *запрещающий сигнал*

disassemble (vb.)   *дизассемблировать, производить обратное ассемблирование*

disassembler   *дизассемблер, обратный ассемблер*

disaster dump   *аварийная распечатка, аварийный дамп*

disc   *диск*

disconnection   *отключение, размыкание, разъединение*

discontinuation   *прекращение, прерывание*

discontinue (vb.)   *прекращать, прерывать*

discount (vb.)   *учитывать*

discover (vb.)   *обнаруживать, открывать*

discrepancy list   *список разногласий*

discrete component   *дискретный компонент*

discretionary hyphen   *произвольный перенос (без соблюдения грамматических правил)*

discriminant   [mat.] *дискриминант*

discriminate (vb.)   *различать*

discrimination   *дискриминация, разрешающая способность, распознавание*

discrimination instruction   *инструкция распознавания*

disguised character   *маскированный символ*

disintegrate   *разрушать*

disintegrate (vb.)   *разделять на составные части, распадаться*

disintegrating machine   *машина для дробления*

disintegration   *дробление, разделение на составные части, разрушение*

disjunction   [log.] *логическое сложение;* [mat.] *дизъюнкция*

disk   *диск*

disk controller   *контроллер диска*

disk drive   *дисковый накопитель, дисковый привод*

diskette   *дискета*

disk file   *дисковый файл*

disk handling   *управление диском*

diskless workstation   *бездисковая рабочая станция*

disk operating system (DOS)   *дисковая операционная система*

disk pack   *дисковый пакет*

disk space   *дисковое пространство*

disk storage   *дисковое запоминающее устройство*

disk storage unit   *дисковое устройство хранения*

disk store   *дисковая память, дисковое запоминающее устройство*

disk surface   *поверхность диска*

disk unit   *дисковое устройство*

dispatch (vb.)   *организовывать (программу)*

dispatcher   *диспетчер, координатор*

display   *дисплей, отображение данных, устройство индикации*

display (vb.)   *отображать*

display attribute   *дисплейный атрибут*

display background   *задний план изображения*

display board   *дисплейная плата*

display buffer   *буфер дисплея*

display controller   *контроллер дисплея*

display control unit   *устройство управления дисплеем*

display device   *устройство индикации, устройство отображения*

display element   *элемент отображения*

display entity   *отображаемый объект*

display field   *поле отображения*

display foreground   *передний план изображения*

display frame   *кадр изображения*

display functions   *функции отображения*

display group   *группа отображения*

display image   *отображаемое изображение*

display legibility   *четкость изображения*

display phone   [telecom.]   *видеотелефон*

display screen   *экран дисплея*

display segment   *сегмент изображения*

display side   *отображаемая сторона*

display space   *отображаемая область*

display station   *дисплейная станция*

display surface   *отображаемая поверхность*

display terminal   *дисплейная станция* ·

display unit   *дисплейное устройство*

disregard (vb.)   *пренебрегать*

disrupt (vb.)   *разрушать*

dissociate (vb.)   *разъединять*

dissociation   *разъединение*

distinct   *отчетливый*

distinction   *отличие, различение*

distinguish (vb.)   *выделять, отличать*

distortion   *искажение*

distribute (vb.)   *распределять*

distributed computer system   *распределенная компьютерная система*

distributed database   *распределенная база данных*

distributed data processing (DDP)   *распределенная обработка данных*

distribution *распределение*

distribution frame *распределенный фрейм (в системах искусственного интеллекта)*

distributor box *распределительный блок*

disturbance *возмущение, нарушение, повреждение, помеха*

dithering *возмущение, имитация градаций серого*

divide (vb.) *делить*

dividend [mat.] *делимое*

division *раздел (в КОБОЛе);* [mat.] *деление*

division sign [mat.] *символ деления*

divisor [mat.] *делитель*

DLL (Dynamic Link Library) *динамически связываемая библиотека (в WINDOWS)*

DMA (direct memory access) *прямой доступ к памяти*

DML (data manipulation language) *язык обработки данных*

DMUX (demultiplexer) *демультиплексор*

document *документ*

documentation *документация*

documentation of pictures *документирование изображений*

document frame *кадр документа*

document handling *обработка документа*

document printer *устройство для печати текстов*

document processing *обработка документа*

document reader *считыватель текстов*

document retrieval *выборка текстовых данных*

document retrieval system *система поиска текстовых данных*

domain *группа ресурсов (в сетях), область*

domestic purposes, for *для домашнего использования*

dominance hierarchy *преобладающая иерархия*

doping [micro.] *введение добавок*

DOS (disk operating system) *дисковая операционная система*

dose *доза*

DOS execution environment *среда выполнения дисковой операционной системы*

do statement *оператор do (напр. в ПАСКАЛе)*

dot *точка, точка растра*

dot (vb.) *наносить пунктирную линию, ставить точку*

dot-and-dash *азбука Морзе*

dot diagram *точечная диаграмма*

dot gain *увеличение размера (растровой точки)*

dot loss *потеря точки*

dot matrix *точечная матрица*

dot-matrix character generator *генератор матричных символов*

dot-matrix printer *матричный принтер*

dot pitch *шаг точек (на кривой)*

dot printer *точечный принтер*

dots per inch (dpi) [unit] *точек на дюйм (единица измерения разрешающей способности)*

dot spread *разброс точек*

dotted line *точечная линия*

dotted line recorder *самописец*

double *двойное количество*

double (adj.) *двойной*

double border *двойной бордюр*

double buffer *двойной буфер*

double-click *двойной щелчок*

double delay (DD) *двойная задержка*

double density *двойная плотность*

double-density disk *диск двойной плотности*

double diode [el.] *сдвоенный диод*

double-pole *двухполюсник*

double precision *двойная точность*

double quotation marks *выделение двойными кавычками*

double quotes *двойные кавычки*

double-sheet feed *подача двойного листа*

double sided *двухсторонний*

double sided disk *двухсторонний диск*

double sided diskette *двухсторонняя дискета*

double sided double density disk *двухсторонний диск двойной плотности*

double strike *двойное нажатие (на клавишу)*

doublet *дубликат, копия*

double tape mark *двойной ленточный маркер*

double-way connection *двухпроводная связь*

double width [graph.] *двойная ширина*

doubtful *сомнительный*

DOUT (data out) *выход данных*

down *вниз*

down arrow key *клавиша стрелка вниз*

download (vb.) *загрузить (из главного компьютера)*

downloadable font *загружаемый шрифт*

down position, in *в нижнем положении*

downshifted character *символ нижнего регистра*

downtime *время простоя*

downtime costs *стоимость времени простоя*

DP (data processing) *обработка данных*

dpi (dots per inch) [unit] *точек на дюйм (единица измерения разрешающей способности)*

DP manager *программа управления обработкой данных*

DP system *система обработки данных*

DR (data register) *регистр данных*

draft *черновик*

draft flag *предварительный флаг*

draft quality (adj.) *черновой*

drag (vb.) *тащить*

dragging *перемещение*

DRAM (dynamic RAM) *динамическая память*

DRAM (dynamic random access memory) *динамическая память произвольного доступа*

draughting machine *чертежная машина*

draughtsman *чертежник*

draw (vb.) *рисовать, чертить*

draw a line (vb.) *чертить линию*

drawer   *составитель (документа), чертежник*

drawing   *рисунок, чертеж*

drawing board   *чертежная доска*

drawing instrument   *инструмент для рисования, чертежный инструмент*

drawing machine   *чертежная машина*

drawing program   *чертежная программа*

draw lines (vb.)   *чертить линии*

draw program   *программа черчения*

draw to full scale (vb.)   *чертить в полном маштабе*

drive   *дисковод, привод*

driver   *драйвер, управляющая программа*

drive specification   *спецификация дисковода*

drop   *просмотр (от начала к концу)*

drop (vb.)   *выбрасывать (программу из памяти)*

drop-in   *появление ложного сигнала*

drop-out   *пропадание знаков или разрядов*

drum   *магнитный барабан*

drum kit   *наборный барабан*

drum plotter   *рулонный графопостроитель*

drum printer   *рулонный принтер*

drum storage   *память на магнитных барабанах*

drum store   *запоминающее устройство на магнитных барабанах*

drum unit   *цилиндрическое устройство*

dry   *сухой*

dry copy   *сухая копия*

drying   *сушка*

DSC (data switching centre)   *центр переключения данных*

DSCB (data set control block)   *блок описания файла*

DSR (data set ready)   [telecom.] *сигнал готовности данных*

DSS (decision support system)   *информационная модель (система поддержки принятия решений)*

DTE (data terminal equipment)   *оборудование терминала данных*

DTP (desktop publishing)   *настольное издательство*

DTP (desk-top publishing)   *настольная издательская система*

DTR (data terminal ready)   *сигнал готовности терминала*

dual   *двойной, сдвоенный;* [мат.] *двойственный*

dual function   *двойная функция*

dual-in-line package switch (DIP switch)   *переключатель в корпусе с двухрядным расположением выводов*

dual processor   *сдвоенный процессор*

dual processor computer   *компьютер на сдвоенном процессоре*

dual purpose   *двойная цель*

dual track   *двойная дорожка*

dumb terminal   *простой терминал*

dummy   *ложный, макет, фиктивный*

dummy argument   *фиктивный аргумент*

dummy data set   *пустой файл*

dummy instruction   *пустая команда (NOP)*

dummy parameter   *фиктивный параметр*

dump   *вывод содержимого памяти на печать*

dump (vb.)   *разгружать (память), распечатывать содержимое памяти*

dump check   *контрольный дамп*

dump routine   *процедура печати*

duodecimal scale   *двенадцатиричная шкала*

duplex   *двусторонний, дуплекс*

duplex channel   *дуплексный канал*

duplex communication   *дуплексная связь*

duplexer   *дуплексный*

duplex operation   *дуплексная операция*

duplex transmission   *дуплексная передача*

duplicate   *дубликат*

duplicate (vb.)   *копировать*

duplicate (adj.)   *двойной*

duplicate key   *клавиша копирования*

duplicate part   *дублированная часть*

duplicate production   *изготовление копий*

duration   *продолжительность*

dust   *порошок*

dust cover   *пылезащитный чехол, суперобложка*

dust filter   *фильтр от пыли*

dust-free   *очищенный от пыли*

dustless   *непыльный*

dust particle   *частица пыли*

dustproof   *пылезащитный, пылезащищенный*

dustproof room   *пылезащищенное помещение*

dust-tight   *пыленепроницаемый*

duty   *производительность, работа, режим*

Dvorak keyboard   *клавиатура Дворака (нетрадиционное расположение клавиш)*

dwell   *выдержка времени, перерыв (в работе оборудования)*

dyadic   *двоичный, двухместный (логический оператор)*

dynamic(al)   *динамический*

dynamic address translation   *динамическое преобразование адреса*

dynamically redefinable character set   *динамически переопределяемый символьный набор*

dynamic linking   *динамическое связывание*

Dynamic Link Library (DLL)   *динамически связываемая библиотека (в WINDOWS)*

dynamic memory allocation   *динамическое распределение памяти*

dynamic memory device   *устройство динамической памяти*

dynamic random access memory (DRAM)   *динамическая память с произвольным доступом*

dynamic storage   *динамическое устройство хранения*

dynamic storage allocation   *распределение динамической памяти*

dynamic store   *динамическая память*

E

EAN (European Article Number) *Европейский код номеров изделий*

earn (vb.) *зарабатывать, заслуживать*

earning power *прибыльность, рентабельность*

EAROM (electrically alterable read-only memory) *постоянная память с электрическим стиранием информации*

earth (UK) *заземление*

earth (UK) (vb.) *заземлять*

earth connection (UK) *заземление*

earthing pin *вывод заземления*

earth pin *вывод заземления*

earth wire *земляной провод*

EBCDIC (extended binary coded decimal interchange code) *расширенный двоично-десятичный код обмена информацией*

echo *эхо*

echo check *эхоконтроль*

echoplexing *эхообразная передача (метод работы терминала)*

ECL (emitter coupled logic) [el.] *эмиттерно-связанная логика*

ECMA (European Computer Manufacturers' Association) *Европейская ассоциация производителей компьютеров*

ECR (error control register) *регистр контроля ошибки*

edge *край, ребро, фронт (импульса)*

edge condition *краевое условие*

edge connecter [el.] *торцевой соединитель (печатных плат)*

EDI (electronic data interchange) *электронный обмен данными*

edit (vb.) *редактировать*

edit character *символ редактирования*

edit condition *условие редактирования*

editing *редактирование*

editing program *программа редактора*

editing terminal *терминал редактирования*

edit key *клавиша редактирования*

edit mask *маска редактирования*

edit mode *режим редактирования*

editor *программа редактирования, редактор*

editor program *программа редактирования*

EDP (electronic data processing) *электронная обработка данных*

EDS (electronic data switching system) *система электронного переключения данных*

EDS (electronic data transmission system) *система электронной передачи данных*

EEPROM (electrically erasable programmable read-only memory) *электрически стираемая перепрограммируемая постоянная память*

effective address *действительная адресация*

effective data transfer rate *действительная скорость передачи данных*

effective instruction *действительная инструкция*

effective operand address *действительный адрес операнда*

effective time *действительное время*

effective width *эффективная ширина*

effect of radiation [phys.] *радиационный эффект*

EFT (electronic funds transfer)   *электронный перевод денежных средств*

EG (energy gap)   *энергетический промежуток*

EGA (enhanced graphics adapter)   *графический адаптер с повышенной разрешающей способностью*

EIA (Electronics Industries Association)   *ассоциация электронной индустрии (США)*

eight bit   *байт*

EIS (executive information system)   *административная информационная система*

either-way communication   *полудуплексная связь*

elapsed time   *использованное время*

electrical earthing   *электрическое заземление*

electrical interference   *электрическая помеха*

electrically alterable read-only memory (EAROM)   *постоянная память с электрическим стиранием информации*

electrically erasable programmable read-only memory (EEPROM)
   электрически стираемая перепрограммируемая постоянная память

electric calculating machine   *электронно-счетная машина*

electricity   *электричество*

electricity supply   *электрический источник*

electric mains operated   *работающий от сети*

electric outlet   *электрический выход*

electric power supply   *источник электропитания*

electric transformer   *электрический трансформатор*

electrographic printer   *электрографический принтер*

electromagnet   *электромагнит*

electron [phys.] *электрон*

electron beam   *электронный пучок*

electronic   *электронный*

electronic bookstall   *киоск по продаже электронной литературы*

electronic component   *электронный компонент*

electronic computation   *электронное вычисление*

electronic data interchange (EDI)   *электронный обмен данными*

electronic data processing (EDP)   *электронная обработка данных*

electronic data processing equipment   *оборудование для электронной обработки данных*

electronic data processing machine   *машина для электронной обработки данных*

electronic data processing system   *система для электронной обработки данных*

electronic data switching system (EDS)   *система для электронного переключения данных*

electronic data transmission system (EDS)   *система для электронной передачи данных*

electronic directory   *электронное оглавление*

electronic editing   *электронное редактирование*

electronic funds transfer (EFT)   *электронный перевод денежных средств*

electronic journalism   *электронная журналистика*

electronic mail   *электронная почта*

electronic mail system (EMS)   *система электронной почты*

electronic news gathering   *электронный сбор новостей*

electronic news journalism   электронная журналистика
electronic notepad   электронная записная книжка
electronic publishing   электронное издательство
electronics   электроника
Electronics Industries Association (EIA)   ассоциация электронной индустрии
electronic storage medium   электронные средства хранения
electronic telephone directory   электронный телефонный справочник
electronic typewriter   электронная пишущая машинка
electronic word processing (EWP)   электронная обработка текстов
electro-optical   электронно-оптический
electrostatic printer   электростатический принтер
electrostatic storage   электростатическое устройство хранения
electrostatic store   электростатическая память
element   элемент
elementary instruction   элементарный оператор
elementary operation (EO)   элементарное действие
elementary symbol   элементарный символ
eliminate (vb.)   устранять; [mat.] исключать
elimination   выключение, исключение; [mat.] устранение
E-MAIL   система электронной почты
embed (vb.)   вставлять, встраивать
embedded   встроенный
embedded code   вложенный код
embedded command   встроенная команда
embedded version   встроенный вариант
emergency   авария, выход из строя, непредвиденный случай
emergency generator   аварийный генератор
emergency power plant   резервная энергетическая установка, резервный блок питания
emergency repair   аварийный ремонт
emergency situation   аварийная ситуация
emitter   [micro.] источник, эмиттер
emitter coupled logic (ECL)   [el.] эмиттерно-связанная логика
empty   незаполненный, пустой
empty (vb.)   освобождать, очищать
empty medium   пустой носитель
EMS (electronic mail system)   система электронной почты
emulate (vb.)   эмулировать
emulation   эмуляция
emulator   эмулятор
enable (vb.)   отпирать, разблокировать, разрешать, снимать запрет
enable auto answer-back   разрешение автоответа
encapsulation   инкапсуляция
encode (vb.)   кодировать, шифровать
encoded abstract   кодированное сообщение
encoder   кодирующее устройство, шифратор
encoding   кодирование, шифрование
encrypt (vb.)   кодировать, шифровать
encryption   кодирование, шифрование
end   конец

end (vb.) *кончать*

end key *клавиша конца (строки)*

endless loop *бесконечная петля, бесконечный цикл*

endless loop cartridge [type.] *бесконечный петлевой картридж*

endless paper [type.] *бесконечная рулонная бумага*

endless tape *бесконечная магнитная лента*

end mark *маркер конца*

end of block character *символ конца блока*

end of convert (EOC) *конец преобразования*

end of file (EOF) *признак конца файла*

end of file character *символ конца файла*

end of file record *запись конца файла*

end of medium character *символ конца носителя*

end of message (EOM) *конец сообщения*

end of tape marker *маркер конца ленты*

end of tape procedure *процедура конца ленты*

end of tape sensor *датчик конца ленты*

end of text (ETX) *символ конца текста*

end-of-text character *символ конца текста*

end of transmission (EOT) *символ конца передачи*

end of transmission block *конец блока передачи*

end point *конечная точка*

end product *конечный продукт*

end system *конец выполнения (процесса)*

end to end protocol *сквозной протокол*

end user *конечный пользователь*

energize (vb.) *возбуждать*

energized *активизированный*

energizer *активизатор*

energy gap (EG) *энергетический промежуток*

engage (vb.) *заказывать*

engineer *инженер*

engineering follow up *доводка, доработка (в процессе эксплуатации)*

engineering method *инженерный метод*

engineering purpose *инженерная цель*

enhanced graphics adapter (EGA) *графический адаптер с повышенной разрешающей способностью*

enhanced small device interface (ESDI) *расширенный интерфейс малых систем*

enhancement *модернизация, расширение, совершенствование*

enqueue (vb.) *ставить в очередь*

enquire (vb.) *узнавать*

enquiry *запрос*

enter (vb.) *вводить, включать (в список), вносить, входить*

entering *вхождение*

enter into service (vb.) *входить в программу обслуживания*

enter key *клавиша ввода*

entity *категория, объект, сущность*

entity relation diagram *диаграмма отношения объекта*

entry *ввод, вход, компонента, проникновение (нарушение защиты данных), содержимое, статья, элемент;* [log.] *вхождение*

entry condition   *состояние входа, условие входа*
entry field   *поле ввода*
entry name   *имя (точки) входа*
entry point   *точка входа*
entry word   *слово входа (пароль)*
enumerate (vb.)   *перечислять*
enumeration   *перечисление*
enumeration unit   *единица подсчета*
envelop (vb.)   *огибать*
environment   *окружение, операционная среда, условия (работы)*
environmental loss time   *временная задержка при прохождении сигнала по схеме*
environment file   *файл окружения*
environment segment   *сегмент окружения*
environment string   *строка окружения*
environment variable   *переменная окружения*
EO (elementary operation)   *элементарное действие*
EOC (end of convert)   *символ конца преобразования*
EOF (end of file)   *символ конца файла*
EOM (end of message)   *символ конца сообщения*
EOT (end of transmission)   *символ конца передачи*
epicycloid   [mat.] *эпициклоид*
EPROM (erasable programmable read-only memory)   *постоянная память с возможностью стирания*
equalizer   *компенсатор, корректор*
equalizing   *компенсация, коррекция*
equal mark   [mat.] *равный маркер*
equation   [mat.] *равенство, уравнение*
equivalent   *эквивалент*
ER (executive request)   *запрос на управление*
erasable programmable read-only memory (EPROM)   *постоянная память с возможностью стирания*
erasable storage   *стираемая память*
erase (vb.)   *стирать*
erase head   *стирающая головка*
eraser tape   [type.] *чистящая лента*
erasing   *стирание (записи)*
erasure   *разрушение (информации)*
error   *ошибка, погрешность*
error bound computation   *вычисления с предельной погрешностью*
error code   *код ошибки*
error condition   *условие ошибки*
error condition statement   *оператор ошибки*
error control   *контроль ошибок*
error control register (ECR)   *регистр контроля ошибки*
error correcting code   *код с коррекцией ошибок*
error correcting routine   *процедура коррекции ошибок*
error correcting system   *система коррекции ошибок*
error correction by automatic repetition   *исправление ошибок путем автоматического повторения*
error correction code   *код с коррекцией ошибок*

error detecting code   *код обнаружения ошибки, код определения ошибки*
error detection   *обнаружение ошибки*
error frequency   *частота ошибок*
error message   *сообщение об ошибке*
error rate   *частота (появления) ошибок*
error recovery   *восстановление при ошибках*
error report   *сообщение об ошибке*
error reset key   *клавиша сброса ошибки*
error tape   *лента ошибок*
error word   *ошибочное слово*
ES (expert system)   *экспертная система*
ESC (escape key)   *клавиша выхода*
escape (vb.)   *выходить, терять*
escape character   *символ начала управляющей последовательности*
escape key (ESC)   *клавиша выхода*
escape sequence   *управляющая последовательность*
ESDI (enhanced small device interface)   *расширенный интерфейс малых систем*
estimate   *оценка*
estimate (vb.)   *оценивать, подсчитывать*
etched printed circuit board   *печатная плата*
ETX (end of text)   *символ конца текста*
European Article Number (EAN)   *Европейский код номеров изделий*
European Computer Manufacturers' Association (ECMA)   *Европейская ассоциация производителей компьютеров*
even distribution   *равномерное распределение*
even parity   *проверка на четность*
eventuality   *возможный случай*
eventually   *в конце концов*
evolutionary prototyping   *эволюционное макетирование*
EWP (electronic word processing)   *электронная обработка текстов*
exact   *верный, точный*
examine (vb.)   *исследовать*
exceed (vb.)   *превосходить, превышать, преувеличивать*
exchange   *обмен*
exchange (vb.)   *заменять, обменивать*
exchangeable disk   *сменный диск*
exchange piece   *порция информации при обмене данных*
executable   *исполняемый*
execute (vb.)   *выполнять, исполнять*
execute cycle   *исполнительный цикл*
executing state   *исполнительное состояние*
execution   *выполнение, исполнение*
execution cycle   *цикл выполнения*
execution time   *время выполнения*
executive control system   *операционная система*
executive information system (EIS)   *административная информационная система*
executive program   *исполняемая программа, управляющая программа*
executive request (ER)   *запрос на управление*
executive routine   *управляющая процедура*

exhaust system *исчерпывающая система*

exit *выход*

exit (vb.) *выходить*

exit command *команда выхода*

exit procedure *процедура выхода*

expand (vb.) *расширять*

expandable *расширяемый*

expansion board *плата расширения*

expansion card *карта расширения*

expansion slot *разъем расширения*

expert *специалист, эксперт*

expertise *экспертиза*

expert opinion *мнение эксперта*

expert system (ES) *экспертная система*

expiry date *дата окончания*

explain (vb.) *объяснять*

explanation *объяснение*

explicit address *явно заданный адрес*

exponent [mat.] *показатель (степени), порядок (числа)*

exponential distribution *экспоненциальное распределение*

exponential distribution function *экспоненциальная функция распределения*

exponential function *экспоненциальная функция*

exponential smoothing [stat.] *экспоненциальное сглаживание*

export (vb.) *экспортировать*

expression *выражение*

extend (vb.) *расширять*

extended binary coded decimal interchange code (EBCDIC) *расширенный двоично-десятичный код обмена информацией*

extended keyboard *расширенная клавиатура*

extended memory *расширенная память*

extender card *карта расширения*

extension *добавление, расширение;* [telecom.] *распространение*

extent *диапазон, непрерывная область (памяти)*

external *внешний*

external data *внешние данные*

external interrupt *внешнее прерывание*

external label *внешняя метка*

external memory *внешняя память*

external modem *внешний модем*

external procedure *внешняя процедура*

external schema *внешняя схема*

external storage *внешнее устройство хранения*

external store *внешняя память*

extra bold [graph.] *жирный шрифт*

extraction system *система выделения*

extras *дополнительное оборудование*

facility   *линия связи, средство, устройство*

facsimile   *факсимиле, факсимильная связь*

facsimile copy   *факсимильная копия*

facsimile device   *устройство для факсимильной связи*

facsimile equipment   *оборудование для факсимильной связи*

facsimile machine   *машина для факсимильной связи*

facsimile reproduction   *факсимильное воспроизведение*

facsimile terminal   *терминал факсимильной связи*

facsimile transmission   *факсимильная передача*

facsimile unit   *модуль для факсимильной связи*

fact base   *фактический адрес*

factor   *коэффициент, фактор;* [mat.] *множитель, показатель*

factorable   [mat.] *разложимый на множители*

factorial   [mat.] *факториал*

factorial n   [mat.] *факториал N чисел*

factorial sum   [mat.] *факториальная сумма*

factorization of matrices   [mat.] *факторизация матрицы*

factory preset   *заводская установка (регулировка)*

factory setting   *заводская установка (регулировка)*

fact retrieval   *выборка фактов*

fade   *постепенно изменяться*

fail (vb.)   *не выполняться, отказывать*

fail safe   *отказоустойчивость*

failure   *неисправность, отказ, повреждение, сбой*

failure-free   *безотказный*

failure recovery   *восстановление после отказа*

fair copy   *легальная копия*

fall   *падение*

fall (vb.)   *падать*

falsehood   [log.] *ложность*

family   *ряд, семейство, серия*

fanfold paper   [type.] *фальцованная бумага с перфорацией*

fan-in   *коэффициент объединения по входу, нагрузочная способность по входу, нагрузочный множитель по входу*

fan-in current   *входной нагрузочный ток*

fan-out current   *ток нагрузки по выходу*

fast forward movement   *быстрое движение вперед*

fast-load   *быстрозагружаемый*

fast memory (FM)   *быстродействующая память*

fast path   *быстрый путь*

fast rewind   *быстрая перемотка*

fast store   *быстродействующая память*

fast wind   *быстрая намотка*

fast winding   *быстрое наматывание*

FAT (file allocation table)   *таблица размещения файлов*

fatal   *фатальный*

fatal error   *неисправимая ошибка*

fault   *дефект, неисправность, повреждение*

fault rate   *частота отказов*

fault time *время повреждения*

fault tree analysis *древовидный анализ повреждений*

faulty *ошибочный*

faulty treatment *обработка ошибок*

fax *копия (точная), факс, факс-связь*

fax (vb.) *передавать факс*

fax copy *факс-копия*

fax device *прибор для факс-связи*

fax equipment *оборудование для факс-связи*

fax machine *машина для факс-связи*

fax reproduction *точная копия*

fax terminal *факс-терминал*

fax unit *факс-устройство*

FB (first bit) *первый бит*

FBY (first byte) *первый байт*

FC (frequency control) *подстройка частоты*

FDM (frequency division multiplex) [telecom.] *частотное разделение (каналов)*

feasibility *возможность*

feature *особенность, признак, свойство;* [el.] *топографический элемент*

feed *питание, подача*

feedback *обратная связь*

feedback control *контроль обратной связи*

feedback system *система обратной связи*

feeder *подающий механизм, фидер*

feeder control *управление подающим механизмом*

feed hole *синхродорожка (на перфоленте)*

feed hopper *подающий карман (для перфокарт)*

feedthrough *перемычка, сквозное отверстие*

FEP (front-end processor) *связной процессор, фронтальный процессор*

ferrite core *запоминающее устройство на ферритовых сердечниках*

fetch (vb.) *выбирать, вызывать*

fetch an instruction (vb.) *выборка инструкции*

fetch cycle *цикл выборки*

FF (form feed) *символ перевода формата*

fibre-optic cable *оптоволоконный кабель, световодный кабель*

fibre optics *оптическое стекловолокно*

fiche *микрофиша*

fidelity *точность (воспроизведения)*

field *поле, пространство;* [tv] *область*

field advance key *клавиша перемещения поля вперед*

field backspace key *клавиша возврата поля назад*

field engineer *наладчик*

field exit key *клавиша выхода из поля*

field heading *заголовок поля (записи)*

field length *длина области (данных)*

field programmable logic array (FPLA) *программируемая пользователем логическая матрица*

field separator *разделитель полей*

field squeeze *сжатие поля*

FIFO (first in - first out) *память обратного магазинного типа (первым вошел-первым вышел)*

fifth-generation computer   *компьютер пятого поколения*

fifth-generation language   *язык пятого поколения*

fifth-generation software   *программное обеспечение пятого поколения*

figurative constant   *образная константа*

figure   *фигура, цифра, чертеж*

figured dimension   *цифровая размерность*

file   *картотека, файл*

file (vb.)   *заносить в файл, формировать файл*

file access control   *контроль доступа к файлам*

file access procedure   *процедура доступа к файлам*

file access protection   *защита доступа к файлам*

file allocation table (FAT)   *таблица размещения файлов*

file attribute   *файловый атрибут*

file attributes   *атрибуты файла*

file control   *управление файлами*

file conversion   *преобразование файла*

file creation   *создание файла*

file data   *файловые данные*

file directory   *файловая директория*

file extension   *расширение файла*

file handling system   *система управления файлами*

fileid   *идентификатор файла*

file identification   *идентификация файла*

file index   *индекс файла*

file label   *метка файла*

file layout   *формат файла*

file maintenance   *обслуживание файлов*

file management   *управление файлами*

file management routine   *процедура управления файлами*

file management system   *система управления файлами*

file manipulation   *обработка файлов*

file name   *имя файла*

file name extension   *расширение имени файла*

file order   *порядок файлов (напр. в директории)*

file organization   *организация файлов*

file organization routine   *процедура организации файлов*

file processing   *обработка файла*

file-protected   *с защищенным файлом*

file protection   *защита файла*

file protection ring   *кольцо файловой защиты*

file recovery   *восстановление файла*

file section   *секция файла*

file separator character   *символ разделения файлов*

file server   *сервер (сети)*

file set   *файловое множество*

file sharing   *совместное использование файла*

file size   *размер файла*

file specification   *спецификация файла*

file storage   *устройство хранения файлов*

file structure   *структура файла*

file transfer   *передача файлов*

file transfer protocol (FTP)   *протокол передачи файлов*

filing cabinet   *картотечный блок (базы данных)*

filing order   *порядок записей в файле*

filing word   *слово из файла*

fill character   *символ заполнения*

film   *пленка*

FILO (first in - last out)   *память магазинного типа (первым вошел-последним вышел)*

filter   *фильтр*

filter attenuation   [cl.] *ослабление фильтра*

filtering circuit   [cl.] *схема фильтрации*

final position   *последняя позиция*

final speed   *конечная скорость*

final total   [mat.] *конечный итог*

final value   *конечная величина*

find (vb.)   *искать*

fine   *тонкий*

fine tuning   [cl.] *тонкая настройка*

finger-touch screen   *сенсорный экран*

finished product   *конечный продукт*

finite number   *ограниченное число*

firing   *запуск*

firmware   *микропрограммное обеспечение, программа в ПЗУ, программно-аппаратные средства*

first bit (FB)   *первый бит*

first byte (FBY)   *первый байт*

first-come-first-served basis   *система 'первым пришел-первым обслужен'*

first in - first out (FIFO)   *память обратного магазинного типа (первым вошел-первым вышел)*

first in - last out (FILO)   *память магазинного типа (первым вошел-последним вышел)*

first level address   *адрес первого уровня*

first member of equation   [mat.] *первый член уравнения*

first order logic   *логика первого порядка*

first time user   *основной пользователь*

fit (vb.)   *монтировать, устанавливать*

fitting   *монтаж, сборка*

fix (vb.)   *закреплять, фиксировать*

fixed   *фиксированный*

fixed disk   *фиксированный диск*

fixed disk drive   *накопитель на фиксированном диске*

fixed disk memory   *память на фиксированном диске*

fixed disk storage   *устройство хранения на фиксированном диске*

fixed head   *неподвижная головка*

fixed length field   *поле фиксированной длины*

fixed point   [mat.] *фиксированная точка*

fixed point arithmetic   [mat.] *арифметика с фиксированной точкой (целочисленная арифметика)*

fixed point mode   *целочисленный режим*

fixed point part   *часть с фиксированной точкой*

fixed point representation system   *целочисленная система представления*

fixed record length   *длина фиксированной записи*

fixed storage   *устройство постоянного хранения*

fixing of quantities   *фиксирование величин*

F-key (function key)   *функциональная клавиша*

flag   *признак, флаг*

flag signal   *сигнал признака*

flash memory card   *карта памяти на ЭСППЗУ с параллельным стиранием*

flatbed plotter   *планшетный графопостроитель*

flat cable   *ленточный кабель, плоский кабель*

flat file   *плоский файл*

flat panel display   *дисплей с плоским экраном*

flexibility   *гибкость*

flexible   *гибкий*

flexible disk   *гибкий диск*

flicker   [tv.] *мерцание изображения (на экране дисплея)*

flip-flop   [el.] *мультивибратор, триггер, триггерная схема*

floating decimal point   [mat.] *плавающая десятичная точка*

floating point   *плавающая точка*

floating point arithmetic unit   *арифметическое устройство с плавающей точкой*

floating point calculation   *вычисления с плавающей точкой*

floating point computation   *вычисления с плавающей точкой*

floating point hardware   *аппаратные средства для реализации плавающей точки*

floating-point notation   *запись с плавающей точкой*

floating point number   *число с плавающей точкой*

floating point operations per second (FLOPS)   [unit] *число операций с плавающей точкой в секунду (единица измерения)*

floating point radix   *основание системы счисления с плавающей точкой*

floating point representation   *представление с плавающей точкой*

floppy disk   *гибкий диск*

floppy disk drive   *накопитель на гибких дисках*

floppy drive   *накопитель на гибких дисках*

FLOPS (floating point operations per second)   [unit] *число операций с плавающей точкой в секунду (единица измерения)*

flow   *поток*

flow (vb.)   *течь*

flow analysis   *анализ потока*

flowchart   *блок-схема*

flow chart   *диаграмма потока*

flowcharter   *программа составления блок-схем*

flow control   *управление потоком (данных)*

flow diagram   *диаграмма потока*

flowline   *линия связи (на блок-схеме)*

fluctuate (vb.)   *колебаться*

fluctuating   *колеблющийся*

fluctuation   *колебание, неустойчивость*

flush centre   *отключенный центр*

flush left   *выключка текста слева*

flush right   *выключка текста справа*

flypack   *обратный ход (луча)*

FM (fast memory) *быстродействующая память*

FM (frequency modulation) *частотная модуляция*

foil *фольга*

folder *папка*

folio *формат издания в пол-листа*

follower *повторитель, следящее звено*

follow-up file *следящий файл*

follow-up testing *следящее тестирование*

font *шрифт*

font generator *генератор шрифтов*

font of type *шрифт набора*

foolproof *защищенный от неумелого обращения*

footer [graph.] *нижний колонтитул*

footnote [graph.] *сноска*

footprint *зона обслуживания*

forbidden character *запрещенный символ*

force *сила*

forecasting and simulation model *имитационно-прогнозная модель*

forecasting period *период прогнозирования*

forecast model *прогнозная модель*

forecast period *период прогноза*

foreground *приоритетный*

foreground/background processing *приоритетно-фоновая обработка*

foreground job *задача переднего плана*

foreground processing *приоритетная обработка*

foreground program *приоритетная программа*

foreign key *внешний ключ*

fork *ветвление (процесса)*

form *бланк, форма*

form (vb.) *формировать*

formal parameter *формальный параметр*

format *формат*

format (vb.) *форматировать*

format check *проверка формата*

format control *управление форматом*

format rendering *визуализация формата*

formatted diskette *форматированная дискета*

formatting *форматирование*

form feed (FF) *символ перевода формата*

form feed character *символ перевода формата*

form letter *символ формата*

formula translator (FORTRAN) *транслятор формул (язык программирования ФОРТРАН)*

FORTRAN (formula translator) *транслятор формул (язык программирования ФОРТРАН)*

forward(s) *вперед*

forward chaining *вывод 'от фактов к цели'*

forward error correction *ранняя коррекция ошибок*

forward movement *движение вперед*

fourth-generation computer *компьютер четвертого поколения*

fourth-generation language *язык четвертого поколения*

fourth-generation software   *программное обеспечение четвертого поколения*

FPLA (field programmable logic array)   *программируемая пользователем логическая матрица*

fractile   [stat.] *квантиль*

fraction   *дробь*

fractional number   *дробная часть*

fragmentation   *фрагментация*

frame   *группа (данных), кадр, рамка, фрейм*

frame buffer   *буфер изображения*

frame connection   *связь фреймов (в искусственном интеллекте)*

frame-store graphics   *пиктографика*

free   *свободный*

free access   *свободный доступ*

free-form language   *язык со свободным форматом (предложений)*

free-standing   *свободно располагающийся*

free text search   *свободный текстовый поиск*

free time   *свободное время*

freeware   *способ распространения программ, позволяющий пользователю свободно ее копировать и использовать*

French rule   [graph.] *французское правило*

frequency   *частота*

frequency band   *полоса частот*

frequency control (FC)   *подстройка частоты*

frequency curve   [stat.] *частотная кривая*

frequency density   [stat.] *частотная плотность*

frequency distribution   [stat.] *частотное распределение*

frequency division multiplex (FDM)   [telecom.] *частотное разделение (каналов)*

frequency modulation (FM)   *частотная модуляция*

friction feed   [type.] *фрикционная подача*

front-end computer   *связной компьютер*

front-end processor (FEP)   *процессор ввода-вывода, связной процессор*

front feed   *передняя подача*

front panel   *передняя панель*

front panel indicator   *индикатор на передней панели*

FTP (file transfer protocol)   *протокол передачи файлов*

fulfil (vb.) *выполнять, осуществлять*

fulfil a requirement (vb.) *выполнять требование*

full adder   *полный сумматор*

full duplex   *дуплексный*

full page display   *'газетный' дисплей (большого формата)*

full page transmit   *передача полной страницы*

full point   *точка (в полиграфии)*

full screen (adj.) *полноэкранный*

full-screen editor   *экранный редактор*

full-size   *полноразмерный, полноразрядный*

full stop   *точка*

full-time circuit   *работающая схема*

fullword   *целое слово*

function   *функция*

function (vb.) *действовать, функционировать*

functional analysis *функциональный анализ*

functional diagram *функциональная диаграмма*

functional language *функциональный язык*

functional peripherals *функциональная периферия*

functional protection *функциональная защита*

functional unit *функциональное устройство*

function board *функциональная панель*

function code *код функции*

function generator *генератор функций*

function key (F-key) *функциональная клавиша*

function oriented code *функционально-ориентированный код*

function part *поле кода операции*

function replacement *замена функции*

function sharing network *функционально-разделенная сеть*

fundamental operation of arithmetic *основная арифметическая операция*

fuse *плавкий предохранитель*

fuse (vb.) *плавить*

fuse board *панель для предохранителей*

fuzzy set *размытое множество*

G

G (Giga) *гига-*

gain *коэффициент усиления, усиление*

gain (vb.) *усилить*

gain of control *получение управления*

game *игра*

gaming *деловая игра*

gamist *специалист по теории игр*

gangpunching *групповое перфорирование*

gap *зазор, пауза, промежуток*

garbage *мусор, ненужные данные*

garbage collection *освобождение динамической памяти*

garbage in-garbage out (GIGO) *принцип 'некорректные данные заложишь - некорректные данные получишь'*

garbage removal *удаление ненужных данных*

garnet [phys.] *гранат (магнитная структура)*

gate [el.] *вентиль, логический элемент, стробирующий импульс*

gate circuit [el.] *схема вентиля, схема логического элемента*

gate current [micro.] *ток вентиля*

gateway *межсетевой интерфейс*

gather (vb.) *собирать*

gating *стробирование*

gauge *измерительный прибор, оценивать, точно измерять*

gaussian approximation *гауссова аппроксимация*

gaussian distribution [stat.] *гауссово распределение*

gaussian noise [el.] *гауссов шум*

gender changer [prof.] *переходник 'мама-папа'*

general *общий, обычный*

general default *стандартное значение по умолчанию*

general format identifier field *поле идентификатора обычного формата*

general memory *общая память*

general program *общая программа*

general-purpose computer *компьютер общего назначения*

general-purpose input port (GP input port) *входной порт общего назначения*

general-purpose interface *интерфейс общего назначения*

general-purpose interface bus (GPIB) *шина интерфейса общего назначения*

general-purpose language *язык программирования общего назначения*

general-purpose operating system *операционная система общего назначения*

general-purpose register *регистр общего назначения*

general register *общий регистр*

general reset *общий сброс*

general solution *общее решение*

general symbol *общий символ*

generate (vb.) *генерировать, производить, создавать*

generated address *сформированный адрес*

generating line [mat.] *сформированная строка*

generation *генерация, создание*

generative computer graphics *компьютерная графика*

generator генератор, датчик; [mat.] *порождающая функция*

generator control *управление генератором*

generatrix [mat.] *образующая*

generic *общий, родовой*

generic (adj.) *характерный для определенного класса*

generic posting *общая регистрация*

generic relation *общее отношение (в базах данных)*

generic search *обобщенный поиск*

genus *класс, род*

geometry *геометрия, конфигурация*

get *вычислять, извлекать, получать*

getting started *пуск*

ghost *ореол (изображения);* [tv] *тень*

ghost image [tv] *призрачное изображение*

gibberish *ненужные данные;* [prof.] *мусор*

gigabyte *гигабайт*

gigahertz *гигагерц*

GIGO (garbage in-garbage out) *принцип 'некорректные данные заложишь - некорректные данные получишь'*

GKS (graphical kernel system) *базовая система графических средств*

glare filter *антибликовый фильтр*

glitch *кратковременная импульсная помеха, непредусмотренный всплеск*

global *глобальный*

global replacement *глобальная замена*

global search *глобальный поиск*

global variable *глобальная переменная*

glossary *глоссарий, словарь (в конце книги)*

glow *накал, разряд*

goal *задача, цель*

goal-seeking *целенаправленный (о поиске)*

goodness of fit [stat.] *степень согласия*

GOTO *оператор безусловного перехода*

govern (vb.) *регулировать, управлять*

governor *регулятор, управляющее слово*

GPIB (general-purpose interface bus) *шина интерфейса общего назначения*

GP input port (general-purpose input port) *входной порт общего назначения*

graceful exit *'мягкий' выход*

graded *градуированный, дифференцированный, калиброванный, расположенный по степеням или рангам*

grade level *нулевая отметка*

grammar *грамматика*

granularity *глубина (степень) детализации*

granule *гранула, область блокирования (в базах данных)*

graph *граф, график, номограмма*

graphic *графический*

graphic(al) *графический, наглядный*

graphical kernel system (GKS) *базовая система графических средств*

graphical representation *графическое представление*

graphical user interface (GUI) *графический пользовательский интерфейс*

graphic character *графический символ*

graphic data-display terminal   *графическая дисплейная станция*

graphic data processing   *обработка графических данных*

graphic display   *графический дисплей*

graphic display device   *графический дисплей*

graphic documentation   *графическая документация*

graphic language   *графический язык*

graphic notepad   *графический планшет*

graphic processor   *графический процессор*

graphics   *графика*

graphics aspect ratio   *графический коэффициент сжатия*

graphics language   *графический язык*

graphics PC   *графический персональный компьютер*

graphics primitive   *графический примитив*

graphic tablet digitizer   *графический планшетный цифровой преобразователь*

graphic terminal   *графический терминал*

graphic workstation   *графическая рабочая станция*

graph plotter   *графический плоттер*

grave accent   [graph.] *тупое ударение (название символа)*

grey balance   [tv] *баланс серого (цвета)*

grey level image   [tv] *уровень отображения серого (цвета)*

grey level picture   [tv] *картина уровня серого (цвета)*

grey scale   [tv] *шкала серого (цвета)*

grid   *сетка, управляющий провод (в криотроне)*

ground (US)   *заземление, земля*

ground (US) (vb.)   *заземлять*

ground line   *линия заземления*

ground wire (US)   *земляной провод*

group addressing   *групповая адресация*

group heading   *групповой заголовок*

grouping   *группирование*

guard band   *(жесткое) поле допусков (параметров)*

guess   *догадка, предположение, приблизительная оценка*

GUI (graphical user interface)   *графический пользовательский интерфейс*

guidance   *руководство*

guide   *путеводитель, руководство*

guide edge   *направляющий край (магнитной ленты)*

guidelines   *руководящие принципы (программирования)*

guide margin   *направляющий край (магнитной ленты)*

guide to operations   *руководство к действию*

gutter   [graph.] *направляющий желоб*

H

h (hour)   *час*

hacker   *взломщик программ;* [prof.] *хакер*

hacking   *взлом программ*

hairline   *визирная линия*

half-adder   *полусумматор*

half adjust   *округление до половины младшего разряда*

half byte   *полубайт*

half-carry bit   *бит полупереноса*

half-carry flag   *флаг полупереноса*

half cycle   *полупериод*

half duplex   *полудуплексный*

half-duplex transmission   *полудуплексная передача*

half speed   *полускоростной*

halftone   *полутон*

halftone dot   *точка полутона*

halftone image   *полутоновое изображение*

halftone photograph   *полутоновая фотография*

halfword   *полуслово*

halt   *останов*

halt instruction   *оператор останова*

halve   *делить на два*

halver   *делитель на два*

Hamming code   *код Хэмминга*

Hamming distance   *расстояние Хэмминга*

handle   *основа, ручка*

handle (vb.)   *обрабатывать, оперировать*

handler   *программа взаимодействия с внешним устройством, программа
     реакции на особые ситуации*

handling   *манипулирование, обработка, оперирование*

handset   *ручная установка*

handshaking   *квитирование (подтверждение связи)*

handshaking procedure   *процедура квитирования (подтверждения связи)*

hands-on experience   *практический опыт*

hang (vb.)   *разъединять*

hanging indentation   *разъединение структурированно расположенного
     текста*

hanging paragraph   *абзац разъединения*

hang-up   [prof.] *зависание*

hardcard   *плата с жестким диском*

hard copy   *документальная копия, печатная копия*

hard copy device   *устройство для изготовления документальной копии*

hard copy log   *журнал документальных копий*

hard copy printer   *принтер для изготовления документальной копии*

hard disk   *жесткий диск*

hard error   *постоянная ошибка*

hard font   *фиксированный шрифт*

hard hyphen   *фиксированный дефис*

hard reset   *жесткий сброс*

hard return   *жесткий перенос (в текстовых редакторах)*

hard sectored   *жестко секторированный (диск)*

hardware   *аппаратные средства*

hardware-based   *основанный на применении аппаратных средств*

hardware check   *проверка аппаратных средств*

hardware compatibility   *совместимость аппаратных средств*

hardware configuration   *конфигурация аппаратных средств*

hardware error   *ошибка аппаратных средств*

hardware extension   *расширение аппаратных средств*

hardware language   *язык аппаратных средств*

hardware manufacturer   *изготовитель аппаратных средств*

hardware protocol   *протокол аппаратных средств*

hardware representation   *представление аппаратных средств*

hardwired   *реализованный аппаратными средствами*

harm   *вред*

harm (vb.)   *вредить*

harmful   *вредный*

harmful effect   *вредный эффект*

harmonic   *гармоника, гармонический*

hartley   [mat.] *хартли (логарифмическая мера количества информации)*

hash   *ненужная информация (в памяти), ненужные данные;* [prof.] *мусор*

hash address   *адрес в хеш-таблице*

hashing   *хеширование (способ организации структур данных)*

hash table   *хэш-таблица*

hash total   *контрольная сумма*

hat   *образовывать случайную последовательность*

hatching ruler   *параллельная разлиновка*

hazard   *риск, шанс;* [el.] *короткий паразитный импульс*

hazardous   *опасный, рисковый*

hazardous effect   *опасный эффект*

hazardous noise   *опасный шум*

HDLC (high level data link control)   *протокол высокого уровня управления каналом передачи данных*

head   *головка, заголовок*

head clogging   *засорение головки*

head crash   *авария головки*

headend   *головной узел (в ЛВС)*

header   *заголовок, рубрика*

header label   *головная метка*

header record   *головная запись*

heading   *заголовок, рубрика*

headline   *заголовок*

head positioning time   *время позиционирования головки*

health   *здоровье*

health hazard   *опасность для здоровья*

health risk   *риск для здоровья*

healthy environment   *здоровая среда*

heat   *тепло*

heat (vb.)   *нагревать*

heat sink   *теплоотвод*

heavy   *тяжелый*

heavy current   [el.] *сильный ток*

heavy-duty *предназначенный для работы в тяжелом режиме*

heavy-face type [graph.] *жирный шрифт, контрастный шрифт*

height *высота*

height-balanced *сбалансированный по высоте*

help *помощь (система подсказок)*

help (vb.) *помогать*

help command *команда помощи*

help desk *пульт помощи*

help facility *средства помощи*

help function *функция помощи*

help index *индекс помощи*

help menu *меню помощи*

help message *сообщение помощи*

help screen *экран помощи*

help service *служба помощи*

help window *окно помощи*

hertz (Hz) [el.] *герц*

Hertz relationship [el.] *отношение Герца*

hesitation *кратковременное прерывание*

heterogeneous computer network *разнородная компьютерная сеть*

heterogeneous network *разнородная сеть*

heuristic *эвристический*

heuristic programming *эвристическое программирование*

heuristic search *эвристический поиск*

hexadecimal (hex) *шестнадцатиричный*

hexadecimal digit *шестнадцатиричная цифра*

hexadecimal number *шестнадцатиричное число*

hexadecimal numeral system *шестнадцатиричная система записи*

hexadecimal programming *шестнадцатиричное программирование*

hidden *скрытый*

hidden buffer *скрытый буфер*

hidden file *скрытый файл*

hidden line *скрытая линия*

hide (vb.) *скрывать*

hierarchical classification *иерархическая классификация*

hierarchical computer network *иерархическая компьютерная сеть*

hierarchical data base *иерархическая база данных*

hierarchical design *иерархический проект*

hierarchical network *иерархическая сеть*

hierarchical planning *иерархическое планирование*

hierarchical search *иерархический поиск*

hierarchical structure *иерархическая структура*

hierarchy *иерархия*

high byte *старший байт*

high-definition display *дисплей с высокой разрешающей способностью*

high-end *хорошее окончание*

higher order language *язык высокого порядка*

higher order software (HOS) *программное обеспечение высокого порядка*

highest priority encoder (HPRI) *дешифратор по наивысшему приоритету*

high-grade article *высококачественная статья*

high-grade product *продукт высокого класса*

high-grade writing paper   *высококачественная бумага для записи*

high level data link control (HDLC)   *протокол высокого уровня управления*
    каналом передачи данных

high-level language   *язык высокого уровня*

highlight (vb.)   *выделять на экране, высвечивать*

high-order bit   *старший бит*

high-order digit   *старшая цифра*

high-order language   *язык высокого порядка*

high resolution   *высокое разрешение*

high-resolution display   *дисплей с высокой разрешающей способностью*

high-resolution graphics   *графика с высоким разрешением*

high-speed buffer   *высокоскоростной буфер*

high-speed printer (HSP)   *высокоскоростной принтер*

high-speed processor   *высокоскоростной процессор*

high-tension current   [el.] *ток высокого напряжения*

highway   *канал информации, магистраль, магистральная шина*

histogram   *гистограмма*

history   *архив (данных), предыстория*

hit   *ответ, совпадение*

hobby computer   *компьютер-увлечение*

hog   *искривление*

hold   *захват, фиксация*

holding   *блокировка, хранение (информации)*

hole   *отверстие, ошибка (в системе), перфорация*

holistic   *целостный*

holocoder   *голографическое кодирующее устройство*

hologram   *голограмма*

holographic memory   *голографическая память, голографическое*
    запоминающее устройство

holographic storage   *голографическое устройство хранения*

home   *собственный*

home address   *собственный адрес*

home computer   *домашний компьютер*

home key   *клавиша начала (строки)*

honor   *обслуживать, принимать прерывание из очереди на обработку*

hood   *крышка*

hook   *добавочный блок, добавочный микропроцессор, ловушка (устройство*
    для отладки компьютеров), привязывать (программные средства)

hop   *повторный прием, транзитный участок*

hop (vb.)   *пересылка (принятого сообщения)*

hopper   *подающий карман (для перфолент)*

horizontal tabulation character   *символ горизонтальной табуляции*

HOS (higher order software)   *программное обеспечение высокого порядка*

host   *главная вычислительная машина*

host computer   *главный компьютер*

host node   *главный узел*

host processor   *основной процессор*

host system   *главная система*

host unit   *главное устройство*

hotkey   *'горячая' клавиша*

hot line   *линия экстренной связи*

hour (h)   [unit] *час*

housekeeping   *служебные действия (программы)*

housekeeping operation   *вспомогательная операция, служебная операция*

HPRI (highest priority encoder)   *дешифратор по наивысшему приоритету*

HSP (high-speed printer)   *высокоскоростной принтер*

hub   *центр (чего-либо)*

hub polling   *опрос устройств по типу 'готовый передает первым'*

hue   *оттенок, шум*

hum   *фон переменного тока*

human error   *человеческая ошибка*

human oriented language   *язык, ориентированный на человека*

human-system interface   *пользовательский интерфейс*

Hungarian notation   *венгерская запись*

hunt   *поиск*

hunt (vb.)   *искать*

hunting   *поиск*

hybrid computer   *гибридный компьютер*

hybrid configuration   *гибридная конфигурация*

hybrid integrated circuit   [el.] *гибридная интегральная схема*

hybrid network   *гибридная сеть*

hyperbola   [mat.] *гипербола*

hyperbolic function   [mat.] *гиперболическая функция*

hyperbolic paraboloid   [mat.] *гиперболический параболоид*

hyperbolic sine   [mat.] *гиперболический синус*

hyperboloid   [mat.] *гиперболоид*

hypermedia   *гиперсреда (для обработки различных типов данных)*

hypertext   *гиперсреда (для обработки различных типов данных)*

hyphen   [graph.] *дефис*

hyphenation   *перенос на другую строку, разбивка по слогам, расстановка дефисов*

hyphenation and justification (H & J)   *разбивка и выравнивание*

hyphenation program   *программа переноса (на другую строку)*

hyphenation zone   *зона переноса*

hypocycloide   [mat.] *гипоциклоид*

hypotenuse   [mat.] *гипотенуза*

hypothesis   *гипотеза, допущение, предположение*

hypothesize (vb.)   *строить гипотезу*

hypothetic(al)   *гипотетический*

hysteresis   *гистерезис*

H & J (hyphenation and justification)   *разбивка и выравнивание*

IAS (immediate access store)   *запоминающее устройство с непосредственной выборкой*

IC (integrated circuit)   *интегральная схема*

icand   *множимое*

icon   *отображение, пиктограмма*

identical copy   *тождественная копия*

identification   *идентификация*

identification check   *проверка на идентичность*

identifier   *идентификатор, имя (переменной)*

identify (vb.)   *идентифицировать*

identify as a priority (vb.)   *идентифицировать как приоритет*

identity   [mat.]   *тождество*

identity matrix   [mat.]   *единичная матрица*

idioglossary   *тематический словарь*

idiotproof   *защищенный от неразумно действующего оператора*

idle   *ожидание, простой*

idle capacity   *величина простоя (напр. шины)*

idle time   *время ожидания, время простоя*

IDP (integrated data processing)   *интегрированная обработка данных*

ID user (user identification)   *идентификатор пользователя*

IEEE (Institute of Electrical and Electronics Engineers)   *институт инженеров по электротехнике и радиоэлектронике*

ier   *множитель*

I/E-time (instruction/execution time)   *время выполнения инструкции*

IF-AND-ONLY-IF gate   [el.]   *вентиль 'тогда и только тогда, когда'*

ignore (vb.)   *игнорировать, пропускать*

IIL (integrated injection logic)   [el.]   *интегральная инжекционная логика*

illegal   *недопустимый, неправильный*

illegal character   *ошибочный символ*

illegal code   *ошибочный код*

illustration   *иллюстрация*

illustration program   *программа иллюстрации*

image   *образ, отображение*

image coding   *кодирование изображения*

image field   *область изображения*

image name   *имя образа*

image processing   *обработка изображения*

image quality   *качество изображения*

image rotation   *вращение изображения*

imagery data recording   *запись данных образов*

imagery interpretation   *интерпретация образов*

image segmentation   *сегментация изображения*

image treatment code   *код обработки изображения*

imaginary   *воображаемый, мнимый*

imaginary number   *мнимое число*

imaging   *отображение, формирование изображения*

imitate (vb.)   *подражать*

immediate access   *непосредственный доступ*

immediate access store (IAS)   *запоминающее устройство с непосредственной выборкой*

immediate addressing   *непосредственная адресация*

immediate instruction   *непосредственная инструкция*

immediate processing   *непосредственная обработка*

immunity from interference   [cl.] *устойчивость к постороннему влиянию*

IMP (interface message processor)   *процессор согласования сообщений*

impact   *влияние, столкновение*

impaction   *сжатие*

impact printer   *ударное печатающее устройство*

impedance   *полное сопротивление*

imperative   *повелительный*

imperative language   *императивный язык*

imperfection   *дефект, несовершенство*

implant   *имплантат*

implantation   *легирование*

implement   *инструмент, орудие*

implement (vb.)   *выполнять*

implementation   *реализация*

implicator   *импликатор*

implicit   *неявный*

implicit address   *неявный адрес*

implied addressing   *неявная адресация*

implosion   *взрыв*

import (vb.)   *импортировать*

important   *важный, значительный*

improper treatment   *неподходящая обработка*

improvement   *улучшение, усовершенствование*

impulse   *импульс, побуждение*

impurity   *примесь*

inaccessible   *недоступный*

inaccuracy   *неточность, погрешность*

inactive program   *пассивная программа*

inactive window   *пассивное окно*

inch   [unit] *дюйм*

incidental time   *машинное время, отводимое для вспомогательных работ*

incident light   *падающий свет*

inclined (adj.)   *наклонный, склонный*

include (vb.)   *включать*

inclusion   *вовлечение;* [log.] *импликация*

incoming message   *поступившее сообщение*

incompatibility   *несовместимость*

incompatible   *несовместимый*

incomplete   *незаконченный, неполный*

in compliance with   *в соответствии с*

inconsistency   *несовместимость, противоречивость*

inconsistent   *несовместимый, противоречивый*

incorrect   *неправильный*

increase   *возрастание, увеличение*

increase (vb.)   *увеличить*

increment   *возрастание, приращение, увеличение*

incremental backup   *инкрементный способ резервного копирования*

incremental compiler   *инкрементный компилятор*

incremental development *пошаговая разработка*

incrementation *приращение*

incrementor *инкрементор (устройство для формирования приращений)*

indefinite integral [mat.] *неопределенный интеграл*

indegree *полустепень захода (в теории графов)*

inden(ta)tion *структурированное расположение текста*

indent *отступ*

indent (vb.) *отступать, смещать вправо*

independence *независимость*

independent *независимый*

indeterminacy [syst.] *неопределенность*

index *индекс, показатель, предметный указатель;* [mat.] *показатель степени*

index (vb.) *индексировать*

indexation *индексирование*

indexed access *индексированный доступ*

indexed address *индексированный адрес*

index file *индексный файл*

index hole *индексное отверстие*

indexing *индексация*

indexing language *язык индексации*

indexing system *система индексации*

index key *индексный ключ*

index level *индексный уровень*

index of a root [mat.] *показатель корня*

index register *индексный регистр*

index sequential access method (ISAM) *метод индексированного последовательного доступа*

index word *индексное слово*

indicate (vb.) *индексировать, указывать*

indicator *индикатор*

indicatrix *индикатриса*

indirect *косвенный*

indirect address *косвенный адрес*

indirect addressing *косвенная адресация*

indirect address word *слово косвенного адреса*

indirect control *косвенный контроль*

indirect instruction *косвенная инструкция*

individual *индивидуальный*

indoor temperature *комнатная температура*

in down position *в нижней позиции*

induce *наводить, порождать*

inductance *индуктивность*

induction *индукция*

industrial drawing *промышленный чертеж*

industrial use, for *для промышленного использования*

ineffective time *неэффективное время*

inequality *неравенство, несоответствие*

inference *вывод (логический)*

inference program *программа логических выводов (экспертная система)*

inferior character *подстрочный символ*

infinite loop   *бесконечный цикл*

infinitesimal   [mat.] *бесконечно малая величина*

infinitesimal analysis   [mat.] *анализ бесконечно малых величин*

infinite variable   [mat.] *не ограниченная переменная*

infix notation   *инфиксная запись*

inflected   *флективный*

inflection   *перегиб, точка перегиба*

inflexible   *жесткий*

influence   *влияние*

influence (vb.)   *влиять*

inform (vb.)   *информировать, сообщать*

informatics   *информатика*

information   *информация, сведения*

information analysis centre   *центр анализа информации*

information and documentation science   *наука об информации и документировании*

information broker   *торговец информацией*

information centre   *информационный центр*

information content   *количество (объем) информации*

information evaluation unit   *устройство обработки информации*

information field   *информационное поле*

information handling   *обработка информации*

information interchange   *обмен информацией*

information loss   *потеря информации*

information management system   *система управления информацией*

information message   *информационное сообщение*

information node   *информационный узел*

information processing   *обработка информации*

information retrieval (IR)   *информационный поиск*

information retrieval system   *система информационного поиска*

information science   *научная информация*

information separator (IS)   *разделительный знак при передаче информации*

information source   *источник информации*

information storage   *хранение информации*

information system   *информационная система*

information technology (IT)   *информационная технология*

information technology equipment (ITE)   *оборудование информационной технологии*

information theory   *теория информации*

information transfer rate   *скорость передачи информации*

infrared data transmission   *передача данных при помощи инфракрасных лучей*

in-gate   *входной вентиль*

inherent addressing   *соответствующая адресация*

inherently ambiguous language   *существенно неоднозначный язык*

inherent store   *встроенное запоминающее устройство*

inheritance   *наследование, наследственность*

inherited error   *унаследованная ошибка*

inhibit   *запрет, запрещение*

inhibit mode   *режим запрета*

inhibitor   *схема блокировки*

in-house   *предназначенный для внутреннего пользования*

init (initialization)   *инициализация*

initial   *начальный, первоначальный*

initial acquisition   *первичный сбор (информации)*

initial adjustment   *начальная установка (параметров)*

initial carry   *начальный перенос*

initial choice   *начальный выбор*

initial condition   *начальное условие*

initial field value   *начальная величина поля*

initialization   *инициализация*

initialization mode   *режим инициализации*

initialize (vb.)   *инициализировать*

initial mode   *начальный режим*

initial point   *начальная точка*

initial program load (IPL)   *начальная загрузка программы*

initiate (vb.)   *включать, инициировать, начинать*

injection   *ввод (данных)*

ink   *чернила*

inker   [type.] *красящий механизм (в печатающем устройстве)*

inking   *рисование (в графопостроителях)*

inking device   *прибор для рисования*

ink jet   [type.] *струйный принтер*

ink-jet printer   [type.] *струйный принтер*

ink-jet printing   *струйная печать*

ink-line strip-chart recorder   *ленточный чернильный самописец*

ink ribbon   [type.] *чернильная лента*

ink vapour recorder   *струйный регистратор*

inner code   *внутренний код*

inner conductor   [el.] *внутренний проводник*

innerproduct   *скалярное произведение*

innovation   *новшество*

inoperable time   *время пребывания устройства в неподготовленном к работе состоянии*

in/out port (I/O PORT)   *порт ввода-вывода*

in pairs   *в паре*

in parallel   [el.] *параллельно*

in position   *в позиции*

input   *ввод, вход*

input (vb.)   *вводить, входить*

input area   *область ввода*

input buffer   *входной буфер*

input channel   *входной канал*

input check   *входной контроль*

input-check routine   *процедура проверки ввода (данных)*

input circuit   [el.] *входная схема*

input correction   *коррекция на входе*

input data   *входные данные*

input device   *входное устройство*

input document   *входной документ*

input equipment   *входное оборудование*

input field   *входное поле*

input file *входной файл*

input instruction *входная инструкция*

input job queue *входная очередь (данных)*

input magazine *принимающий карман (для перфокарт)*

input/output *ввод/вывод*

input/output (I/O) *ввод/вывод*

input/output area (I/O area) *область ввода/вывода*

input/output buffer *буфер ввода/вывода*

input/output channel *канал ввода/вывода*

input/output control *управление вводом/выводом*

input/output controller (I/O controller) *контроллер ввода/вывода*

input/output device *устройство ввода/вывода*

input/output equipment *оборудование для ввода/вывода*

input/output instruction *инструкция ввода/вывода*

input/output media *носители ввода/вывода данных*

input/output statement (I/O statement) *оператор ввода/вывода*

input/output unit *модуль ввода/вывода*

input port *входной порт*

input process *входной процесс, процесс ввода*

input program *программа ввода*

input routine *процедура ввода*

input section *входная секция*

input speed *скорость ввода*

input unit *входное устройство*

input variable *входная переменная*

inquire (vb.) *спрашивать*

inquiry *запрос*

inquiry mode *режим запроса*

inquiry system *система опроса*

inscriber *записывающее устройство*

inscribing *подготовка исходного документа (при оптическом распознавании знаков)*

inscription *надпись*

insert (vb.) *вставлять*

insert card *вставляемая плата*

insert in brackets (vb.) *вставить в скобках*

insertion point *точка ввода*

insert key *клавиша вставки*

insert mode *режим вставки*

insignificant *незначащий*

insolubility *неразрешимость*

inspection *инспекция, контроль, проверка*

instability *неустойчивость*

install (vb.) *настраивать, размещать, располагать, устанавливать*

installation *настройка, установка*

installation guide *руководство по установке (системы)*

installation instructions *инструкции по установке (системы)*

install program *программа настройки*

instance *экземпляр (объекта)*

Institute of Electrical and Electronics Engineers (IEEE) *институт инженеров по электротехнике и радиоэлектронике* instruct (vb.) *инструктировать*

instruction *инструкция, команда, программа действий*

instruction address *адрес инструкции, адрес команды*

instruction address register *регистр адреса команды*

instruction code *код инструкции*

instruction control unit *модуль контроля команды*

instruction counter *счетчик инструкций*

instruction cycle *цикл команды*

instruction decoder *дешифратор инструкций*

instruction/execution time (I/E-time) *время выполнения инструкции*

instruction flowchart *блок-схема инструкции*

instruction format *формат команды*

instruction language *язык инструкций*

instruction list *список команд*

instruction manual *руководство по операторам*

instruction register *регистр команд*

instruction repertoire *система команд*

instruction set *набор команд*

instructions to the user *инструкции для пользователя*

instruction time *время выполнения инструкции*

instruction word *слово команды*

instrument *инструмент, прибор*

insulator *изолятор*

insymbol (vb.) *вводить символ*

INTA (interrupt acknowledge) *сигнал подтверждения прерывания*

in tabular form *в табличной форме*

integer [mat.] *целое (число)*

integer maths [mat.] *целочисленная математика*

integral [mat.] *интеграл*

integral calculus [mat.] *интегральное исчисление*

integral equation [mat.] *интегральное уравнение*

integral number [mat.] *интегральное число*

integral value [mat.] *интегральная величина*

integrand *подинтегральное выражение*

integrate (vb.) *интегрировать*

integrated *интегральный*

integrated circuit (IC) [el.] *интегральная схема*

integrated data base *интегральная база данных*

integrated data processing (IDP) *интегрированная обработка данных*

integrated electronics *интегральная электроника*

integrated information processing *интегральная обработка информации*

integrated injection logic (IIL) *интегральная инжекционная логика*

integrated services digital network (ISDN) *интегральная сервисная
    цифровая сеть*

integrated software *интегрированное программное обеспечение*

integrated system *интегрированная система*

integrated test facility (ITF) *интегрированные средства тестирования*

integrator *интегратор*

integrity *целостность*

intelligence *интеллект*

intelligent *интеллектуальный*

intelligent database   *интеллектуальная база данных*

intelligent terminal   *интеллектуальный терминал*

intended   *предполагаемый*

intended application   *предполагаемое применение*

intensity   *интенсивность, напряженность (магнитного поля)*

intentional   *умышленный*

intentional thrashing   *умышленное переполнение памяти*

interact (vb.)   *взаимодействовать*

interaction   *взаимодействие, взаимосвязь*

interaction time   *время взаимодействия*

interactive   *диалоговый, интерактивный*

interactive communication   *интерактивная связь*

interactive data entry   *интерактивный ввод данных*

interactive data processing   *интерактивная обработка данных*

interactive mode   *интерактивный режим*

interactive processing   *интерактивная обработка*

interactive programming   *интерактивное программирование*

interactive video   *интерактивное телевидение*

interactive videography   *интерактивная видеографика*

interactive videotex   *интерактивная система видеотекста*

inter-block gap   *интервал между блоками*

interchangeable   *взаимозаменяемый, сменный*

interchangeable part   *сменный блок*

interchangeable unit   *сменный модуль*

interconnect (vb.)   *вступить в связь*

interconnection   *внутреннее соединение, межсоединение, разводка (на печатной плате)*

interconversion   *взаимное преобразование*

intercoupler   *устройство связи*

intercoupling   *взаимосвязь*

interdeducible   *взаимно выводимый*

interdependent   *взаимозависимый*

interface   *интерфейс, согласование, сопряжение, устройство сопряжения*

interface (vb.)   *сопрягать*

interface board   *плата сопряжения*

interface circuit   *схема сопряжения*

interface message processor (IMP)   *процессор согласования сообщений*

interface port   *интерфейсный порт*

interface standard   *стандарт сопряжения*

interfacing program   *программа сопряжения*

interference   *интерференция;* [tv] *взаимные помехи*

interfix (vb.)   *описывать отношения между ключевыми словами*

interior angle   [mat.] *внутренний угол*

interlace (vb.)   *чередовать*

interlacing   *чередование*

interlink (vb.)   *взаимосвязывать*

interlinking   *взаимосвязанный*

intermediate   *промежуточный*

intermediate code   *промежуточный код*

intermediate copy   *промежуточная копия*

intermediate equipment   *промежуточное оборудование*

intermediate function *промежуточная функция*

intermediate language *промежуточный язык (язык среднего уровня)*

intermediate storage *промежуточное хранение*

intermediate system *промежуточная система*

intermittent error *перемежающаяся ошибка*

intermittent line *перемежающаяся строка*

intermodulation *взаимная модуляция*

internal *внутренний*

internal font *внутренний шрифт*

internal interrupt *внутреннее прерывание*

internal memory *внутренняя память*

internal name *внутреннее имя*

internal procedure *внутренняя процедура*

internal reader *внутреннее считывающее устройство*

internal schema *внутренняя схема*

internal sorting *внутренняя сортировка*

internal storage *внутреннее хранение*

international *интернациональный, международный*

International Standard Book Number (ISBN) *международная стандартная издательская нумерация*

international system of units (SI) *международная система единиц (СИ)*

internet protocol *межсетевой протокол*

internetting *взаимодействие сетей*

internetworking *обеспечение межсетевого обмена*

interphone *международный телефон*

interpolate *интерполировать*

interpolation *интерполяция*

interpolator *интерполятор*

interpret (vb.) *интерпретировать, транслировать (в режиме интерпретации)*

interpretation *интерпретация;* [lingv.] *анализ*

interpreter *интерпретатор*

interpreter program *программа-интерпретатор*

interpretive language *интерпретативный язык*

interprocess communication (IPC) *связь между процессами*

interprocess communication function (IPC) *функция связи между процессами*

inter-record gap *интервал между записями*

interrelationship *взаимозависимость, взаимосвязь*

interrogation in conversational mode *опрос в диалоговом режиме*

interrogation language *язык запросов*

interrogation mark [graph.] *признак запроса*

interrupt *прерывание, прерываться*

interrupt (vb.) *прерывать*

interrupt acknowledge (INTA) *сигнал подтверждения прерывания*

interrupt control routine *процедура обработки прерывания*

interrupt-driven *управляемый по прерываниям*

interrupt flag *флаг прерывания*

interruption *прерывание, разъединение*

interruption of the mains supply [el.] *прерывание по питанию*

interrupt time *время прерывания*

intersection [mat.] *пересечение*

intersection angle *угол пересечения*

intersection line *линия пересечения*

interspace *интервал, промежуток*

interval *интервал, промежуток*

interval timer *интервальный таймер*

interweave *прошивать (матрицу магнитных сердечников)*

interword gap *межсловный промежуток*

interworking *обеспечение межсетевого обмена*

in the event of an accident *в случае аварии*

intransitive *нетранзитивный*

intra-office networking *учрежденческая локальная сеть*

in-tray *в объединенном блоке*

intrinsic equation *предопределенное уравнение*

intrinsic value *предопределенная величина*

introduce (vb.) *внедрять*

introduction *внедрение, объявление о выпуске (продукта)*

in up position *в верхней позиции*

in use [telecom.] *в пользовании*

invalid character *неверный символ*

invalid data *неверные данные*

invariant [mat.] *инвариант*

inverse (adj.) *инверсный*

inverse function *функция инверсии*

inverse logarithm [mat.] *обратный логарифм*

inversely proportional (adj.) *обратно пропорциональный*

inverse ratio *обратное отношение*

inverse video *инверсное изображение*

inversion *инверсия, обратное преобразование*

invert (vb.) *инвертировать, обращать*

inverted (adj.) *инвертированный*

inverted character *инвертированный символ*

inverted comma [graph.] *апостроф*

inverted commas *кавычки*

inverted file *инвертированный файл*

inverted heading *инвертированный заголовок*

inverter *инвертирующий элемент;* [el.] *инвертор*

invitation *приглашение (при взаимодействии с системой)*

invocation *вызов (процедуры)*

invoke (vb.) *вызывать*

involution *возведение в степень*

I/O (input/output) *ввод/вывод*

I/O (input/output) (vb.) *вводить/выводить*

I/O area (input/output area) *область ввода/вывода*

I/O controller (input/output controller) *контроллер ввода/вывода*

ion deposition *ионное напыление*

I/O PORT (in/out port) *порт ввода-вывода*

I/O statement (input/output statement) *оператор ввода/вывода*

IPC (interprocess communication) *связь между процессами*

IPC (interprocess communication function) *функция связи между процессами*

IPL (initial program load)   *начальная загрузка программы*

IR (information retrieval)   *информационный поиск*

irrational   *иррациональный*

irrecoverable error   *непоправимая ошибка*

irreducibility   *неприводимость*

irredundant   *безызбыточный*

irrelevant   *несущественный*

IS (information separator)   *разделительный знак при передаче информации*

ISAM (index sequential access method)   *метод индексированного последовательного доступа*

ISBN (International Standard Book Number)   *международная стандартная издательская нумерация*

ISDN (integrated services digital network)   *интегральная сервисная цифровая сеть*

isobits   *одинаковые разряды*

isolation   *изоляция*

isolator   *изолятор*

issue   *запрашивающая сторона*

IT (information technology)   *информационная технология*

italic(s)   [graph.] *курсив*

italicized   [graph.] *курсивированный*

italics, in   *выделенный курсивом*

ITE (information technology equipment)   *оборудование информационной технологии*

item   *отдельный предмет, элемент*

item number   *номер элемента*

iteration   *итерация, повторение*

iteration count   *счет повторений*

iterative   *итеративный*

iterative loop   *итеративный цикл*

ITF (integrated test facility)   *интегральные средства тестирования*

J

jack *гнездо*
jacket *конверт (для гибкого диска)*
jackplug *контактный штеккер*
jam *заедание, заклинивание*
jam (vb.) *заедать, заклинивать*
jammed *заклиненный*
JCL (job control language) *язык управления заданиями*
jet *струя*
jitter *дрожание, неустойчивая синхронизация*
job *задание, работа*
job control card *карта управления заданиями*
job control information *информация управления заданиями*
job control language (JCL) *язык управления заданиями*
job definition *определение задания*
job description *описание задания*
job input file *входной файл заданий*
job management *управление заданием*
job name *имя задания*
job order *порядок работы*
job queue *очередь заданий*
job recovery control file *контрольный файл восстановления задания*
job scheduler *диспетчер работ*
job scheduling *планирование заданий*
jog *толчок*
joggle (vb.) *выравнивать встряхиванием (колоду перфокарт)*
join (vb.) *объединять*
joint distribution [stat.] *узловое распределение*
joint operation *операция соединения*
joint production *совместная продукция*
journal *журнал*
joystick *джойстик, координатная ручка*
joystick lever *рычаг джойстика*
jump *операция перехода, переход*
jump (vb.) *переходить*
jump instruction *оператор перехода*
jump-off line *отключенная линия*
jump scroll *просмотр перехода*
junction *переход;* [micro.] *соединение, сочленение*
justification *выравнивание*
justified margin *выровненный край страницы*
justify (vb.) *выравнивать*
juxtapose *размещать рядом*
juxtapose (vb.) [log.] *соединять*
juxtaposition *размещение рядом;* [log.] *соединение*

kb (kilobit)   [unit] *килобит*

kB (kilobyte)   [unit] *килобайт*

keep (vb.)   *держать, хранить*

kern   *керн*

kernel   *ядро (программы)*

kernel field   *базовое поле*

kerning   [graph.] *уменьшение межбуквенных просветов в строке*

Kerr effect   [el.] *эффект Керра*

key   *клавиша, ключ, кнопка, код, переключатель*

key (vb.)   *коммутировать, переключать*

keyboard   *клавиатура, клавишный пульт*

keyboard layout   *расположение клавиш на клавиатуре*

keyboard macro   *макрокоманда клавиатуры*

keyboard template   *клавиатурный шаблон*

key button   *кнопка переключателя*

key click   *щелчок переключателя*

key-entry   *ввод с клавиатуры*

key field   *поле переключателя*

keyframe   *клавиатура*

keying   *работа на клавиатуре*

keying error   *ошибка при работе на клавиатуре*

keying-in   *ввод с клавиатуры*

keypad   *малая клавиатура*

keypunch machine   *клавишный перфоратор*

key repeat   *повтор нажатия клавиши*

key sequence   *последовательность нажатия клавиш*

key sort   *сортировка по ключу*

keystroke   *нажатие клавиши*

keystroke verification   *проверка нажатия клавиши*

keyword   *зарезервированное слово, ключевое слово*

keyword indexing   *индексирование по ключу*

kilobit (kb)   [unit] *килобит*

kilobyte (kB)   [unit] *килобайт*

kind   *род, сорт*

KIPS (knowledge information processing systems)   *система обработки информационных знаний*

kludge   *вариантная запись;* [prof.] *клудж (программа, которая теоретически не должна работать, но работает)*

knob   *кнопка, ручка управления*

knot   *узел*

knowledge base   *база знаний*

knowledge-based system   *система, основанная на базе знаний*

knowledge-base editor   *редактор базы знаний*

knowledge-base revision   *ревизия базы знаний*

knowledge engineer   *инженерия знаний*

knowledge information processing systems (KIPS)   *система обработки информационных знаний*

kurtosis   [graph.] *эксцесс*

label   *маркировочный знак, метка, обозначение, отметка*

label (vb.)   *маркировать, помечать*

label check   *контрольная метка*

labelling   *маркирование*

laboratory   *лаборатория*

labware   *лабораторное оборудование*

lace   *пробивать отверстия во всех рядах (перфо)карты*

lack of fit   *неадекватность*

ladder   *цепная схема*

lag time   *время запаздывания*

laminated   *многослойный*

lamp   *лампа*

LAN (local area network)   *локальная сеть*

land   *контактная площадка*

landscape font   *горизонтальный шрифт*

language   *язык, языковый*

language processor   *языковый процессор*

laptop computer   *портативный компьютер*

large quantity   *большое количество*

large-scale   *крупномасштабный*

large-scale integrated circuit   *схема высокой степени интеграции*

large scale integration (LSI)   *высокая степень интеграции*

laser (light amplification from the stimulated emission of radiation)   *лазер*
    (световое усиление в результате стимуляции эмиссии электронов)

laser beam   *лазерный пучок*

laser-beam printer   *лазерный принтер*

laser disk   *лазерный диск*

laser font   *лазерный шрифт*

laser printer   *лазерный принтер*

laser storage   *лазерное устройство хранения*

last in - first out (LIFO)   *магазинный тип (последним пришел-первым
    вышел)*

last number redial   [telecom.]   *запоминание последнего набранного номера*

latch   *защелка, фиксатор*

latching   *фиксирование*

latency   *время ожидания, задержка, скрытое состояние*

latency time   *время задержки*

lateral edge   *боковой край*

lateral inversion   *боковая инверсия*

laterally reversed   *перевернутый на бок*

lattice   *решетка, структура*

layer   *уровень*

layered architecture   *иерархическая архитектура*

layout   *компоновка, макет, размещение, расположение*

lay out (vb.)   *компоновать, трассировать*

layout character   *знак спецификации формата*

LC (liquid crystal)   *жидкий кристалл*

LC (lower case)   *нижний регистр*

LCD (liquid crystal display)   *дисплей на жидких кристаллах*

LCD screen (liquid crystal display screen)   *экран дисплея на жидких кристаллах*

lead   *опережение, провод, проводник*

leader   *данные в начале массива, заголовок, заправочный конец ленты*

leader tape   *ракорд*

leading edge   *ведущая кромка*

leading zero   *нулевые старшие разряды*

leaf   *лист, страница*

leak   *течь*

leakage   *утечка*

leakproof   *непротекающий*

lean   *наклон*

leap   [el.] *пропуск*

leap (vb.)   *прыгать*

learning   *обучение*

learning machine   *обучающая машина*

leased circuit   [telecom.] *арендуемый канал*

leased line   [telecom.] *арендуемая линия*

least significant bit (LSB)   *наименее значимый бит*

least significant digit (LSD)   *младшая цифра, наименее значимая цифра*

leave (vb.)   *оставлять, покидать*

LED (light emitting diode)   [el.] *светоизлучающий диод*

LED display   *светодиодный дисплей*

LED printer   *светодиодный (лазерный) принтер*

left adjust (vb.)   *выравнивать влево*

left align (vb.)   *выстраивать в линию с левого края*

left arrow key   *клавиша стрелка влево*

left-hand margin   *левый край (страницы)*

left justify (vb.)   *выравнивать влево*

left margin   *левый край (страницы)*

leg   *ветвь (программы)*

legal   *законный, правильный*

legal character   *правильный символ*

legend   *легенда, надпись*

legibility   *удобочитаемость*

LEN (low entry networking)   *сеть низкого уровня*

length   *длина*

letter   *буква, символ*

letter paper   *писчая бумага*

letter quality (LQ)   *режим печати с высоким качеством*

letter quality printer   *принтер с возможностью высококачественной печати*

letter-shift signal   *сигнал переключения регистра*

level   *уровень*

leverage   *трансляционное отношение*

lexeme   [lingv.] *лексема*

lexicographic sort   *лексикографическая сортировка*

lexicon   *словарь*

LF (line feed)   *символ перевода строки*

liaison   *транспортное соединение (в открытых системах)*

librarian   *библиотекарь*

library *библиотека*

library classification *библиотечная классификация*

library program *библиотечная программа*

library routine *библиотечная процедура*

library search path *путь поиска библиотеки*

life *ресурс*

lifelength *наработка*

lifetime *срок службы*

LIFO (last in - first out) *магазинный тип (последним пришел-первым вышел)*

light *свет*

light bar *выделенная полоса*

light emitting diode (LED) [el.] *светодиод, светоизлучающий диод*

light line *выделенная строка*

lightpen *световое перо*

light pointer *световой указатель*

light reflection *световое отражение*

light wave guide cable *световодный кабель*

light wave system *система световодов*

light writer *светозаписывающее устройство*

limit *граница;* [mat.] *предел*

limitation *ограничение, предел*

limited-distance modem *модем на ограниченную дистанцию*

limiter *ограничитель*

line *линия, строка, шина*

line adapter *линейный адаптер*

linear *линейный*

linear equation [mat.] *линейное уравнение*

linearization *линеаризация*

linear programming *линейное программирование*

line art *штриховой оригинал*

line-at-a-time printer [type.] *принтер для работы в реальном масштабе времени*

line buffer *буфер строки, линейный буфер*

line chart *линейная диаграмма*

line counter *счетчик строк*

line discipline *протокол линии передачи данных*

line drawing *штриховой рисунок*

line driver *линейный драйвер*

line editing *строчное редактирование*

line end *конец строки*

line feed (LF) *символ перевода строки*

line feed key *клавиша перевода строки*

line length *длина строки*

line noise *линейный шум*

line of departure *линия отправки сообщений*

lineout *сбой в линии (связи)*

line printer *линейный принтер*

line spacing *интервал между строками*

line speed *линейная скорость*

lines per inch (lpi) *линий на дюйм (единица измерения разрешающей способности)*

lines per minute (lpm)   *строк в минуту (единица измерения скорости вывода)*

lines per page   *строк на страницу (единица измерения плотности печати)*

lines per second (lps)   *строк в секунду (единица измерения скорости вывода)*

line squeeze   *линейное сжатие*

line voltage   *линейное напряжение*

linewidth   *ширина линии*

linguistics   *лингвистика*

link   *звено, связь, соединение (в сети)*

link (vb.)   *связывать, соединять*

linkage   *связь, согласующее устройство*

linkage editor   *редактор связи*

linkage loader   *загрузчик связи*

link disconnection   *разрыв соединения*

linked list   *связанный список*

link encryption   *шифрование связи*

linker   *редактор связей*

linking   *связывание, сцепление*

linking loader   *связывающий загрузчик*

link up (vb.)   *соединять*

LIPS (logical inferences per second)   [unit] *число логических команд в секунду*

liquid crystal (LC)   *жидкий кристалл*

liquid crystal display (LCD)   *дисплей на жидких кристаллах*

liquid crystal display screen (LCD screen)   *экран дисплея на жидких кристаллах*

LISP (list processing)   *язык программирования ЛИСП (обработчик списков)*

list   *список*

list (vb.)   *составлять список*

list box   *списочный блок*

list generator   *генератор списков*

listing   *листинг, распечатка*

list of contents   *список содержимого*

list processing (LISP)   *язык программирования ЛИСП (обработчик списков)*

list program generator   *генератор программных списков*

literal   *буквенный*

literal equation   [mat.] *константное уравнение*

live   *под напряжением*

liveness   *живучесть (системы)*

liveware   *персонал вычислительной машины*

live wire   *провод под напряжением*

LLC (logical link control)   *контроль логики связей*

load   *загрузка, заправка (ленты), нагрузка*

load (vb.)   *загружать, нагружать*

load address   *адрес загрузки*

load-and-go   *загрузка с последующим выполнением*

load current   [el.] *ток нагрузки*

loader   *загрузчик, программа загрузки*

loading   *загрузка, нагрузка*

loading program   *программа загрузки*

loading routine   *процедура загрузки*

load key   *клавиша загрузки*

load map   *карта загрузки*

load module   *загрузочный модуль*

load on demand   *загрузка по требованию*

load time   *время загрузки*

load time linking   *позднее связывание (во время загрузки)*

local area network (LAN)   *локальная сеть*

local format storage   *локальный формат хранения*

local network   *локальная сеть*

local storage (LS)   *локальное устройство хранения*

local terminal   *локальный терминал*

local variable   *локальная переменная*

locate (vb.)   *находить, размещать, устанавливать*

location   *локализация, местоположение, размещение, расположение*

lock   *блокировка*

locking device   *устройство блокирования*

lock request   *запрос блокировки*

lockstep   *жесткая конфигурация*

lockup   *тупик*

lockword   *пароль блокировки*

locus   *геометрическое место точек, местоположение*

log   *журнал регистрации, регистрация*

log (vb.)   *регистрировать*

logarithm (log) |mat.| *логарифм*

logarithmic function   *логарифмическая функция*

logarithmic search   *логарифмический поиск*

logatom   *логатом, слог*

log-file   *файл регистрации*

logger   *регистратор*

logging   *запись (информации), регистрация*

logical   *логический, логичный*

logical access control mechanism   *механизм контроля логического доступа*

logical bomb   *логическая бомба*

logical connective   *логическая связка*

logical connector   *логический соединитель*

logical data base design   *проектирование логических баз данных*

logical data structure   *логическая структура данных*

logical difference   *логическое различие*

logical file   *логический файл*

logical inferences per second (LIPS) |unit| *число логических команд в секунду*

logical link control (LLC)   *контроль логики связей*

logical protection mechanism   *механизм логической защиты*

logical record   *логическая запись*

logical shift   *логический сдвиг*

logical sum   *логическая сумма*

logical unit (LU)   *логическая единица*

logic analyzer   *логический анализатор*

logic bomb   *логическая бомба*

logic circuit   *логическая схема*

logic diagram   *логическая диаграмма*
logic element   *логический элемент*
logic error   *логическая ошибка*
logic operation   *логическая операция*
logic operator   *логический оператор*
logic symbol   *логический символ*
logic variable   *логическая переменная*
log in   *начало сеанса*
log in (vb.)   *входить в систему*
log off   *конец сеанса*
log off (vb.)   *выходить из системы*
log on   *начало сеанса*
log on (vb.)   *подсоединяться к системе*
longevity   *долговечность*
long-haul modem   *модем для работы на большие расстояния*
longitudinal redundancy check (LRC)   *продольный контроль избыточным кодом*
look ahead carry generator   *генератор несущей с опережением*
look-alike   *имитация*
looker   *блок просмотра (в графопостроителях)*
look up   *поиск*
look-up table   *поисковая таблица*
loop   *контур, петля, цикл*
loopback   *закольцовывание*
loopback test   *кольцевой тест*
loop construct   *циклическое конструирование*
looped network   *циклическая сеть*
looping   *организация цикла*
loop network   *циклическая сеть*
loop statement   *оператор цикла*
lose (vb.)   *проигрывать, терять*
loss   *потеря, проигрыш*
loss factor   *фактор проигрыша*
lossless image coding   [tv] *кодирование изображения без потерь*
loss of current   [el.] *токовые потери*
loss of power   *энергетические потери*
lossy image coding   [tv] *кодирование изображения с потерями*
lost cluster   *потерянный кластер*
lost time   *потерянное время*
low byte   *младший байт*
low-end   *плохое окончание*
low entry networking (LEN)   *сеть низкого уровня*
lower case (LC)   *нижний регистр*
lower limit   *нижний предел*
lowest common denominator   [mat.] *самый младший общий знаменатель*
lowest common multiple   [mat.] *самый младший общий умножитель*
lowest-order bit   *младший бит*
low frequency   *низкая частота*
low-level language   *язык низкого уровня*
low-noise   *малошумящий*
low-order position   *младший разряд*

low-pass filter   [el.] *узкополосный фильтр*

low radiation screen   *мало излучающий экран*

low-speed digital channel   *низкоскоростной цифровой канал*

lpi (lines per inch)   [unit] *линий на дюйм (единица измерения разрешающей способности)*

lpm (lines per minute)   [unit] *строк в минуту (единица измерения скорости вывода)*

lps (lines per second)   [unit] *строк в секунду (единица измерения скорости вывода)*

LQ (letter quality)   *режим печати с высоким качеством*

LRC (longitudinal redundancy check)   *продольный контроль избыточным кодом*

LS (local storage)   *локальное устройство хранения*

LSB (least significant bit)   *младший бит*

LSD (least significant digit)   *младшая цифра*

LSI (large scale integration)   *большая шкала интеграции, высокая степень интеграции*

LU (logical unit)   *логическая единица*

luminance   *люминесценция*

luminescent diode   [el.] *люминесцентный диод*

lump   *крупный кусок*

M

M (mega) [unit] *мега*
m (milli) [unit] *милли*
machine *машина, механизм, устройство*
machine abstract *машинный реферат*
machine address *машинный адрес*
machine-aided translation *автоматизированный перевод*
machine architecture *архитектура машины*
machine-assisted translation *автоматизированный перевод*
machine-associated *машинно-зависимый*
machine code *машинная программа, машинный код*
machine cycle time *машинное время цикла*
machine-dependent *машинно-зависимый*
machine down time *время остановки машины*
machine error *машинная ошибка*
machine-independent *машинно-независимый*
machine instruction *машинная инструкция*
machine language *машинный язык*
machine learning *машинное обучение*
machine operation *машинная операция*
machine-oriented language *машинно-ориентированный язык*
machine program *машинная программа*
machine program control *программное управление автоматом*
machine-readable *пригодный для машинного считывания*
machine-readable page *страница, пригодная для машинного считывания*
machine run *работа машины*
machinery *машинное оборудование*
machine-sensible *машинно-зависимый*
machine time *машинное время*
machine translation *машинная трансляция, машинный перевод*
machine word *машинное слово*
macro *макрокоманда, макроопределение;* [prof.] *макрос*
macro assembler *макроассемблер*
macro call *макровызов*
macro cell *макроячейка*
macro control language *язык макрокоманд*
macro control program *макропрограмма*
macro generator *генератор макросов, макропроцессор*
macro instruction *макроинструкция, макрокоманда*
macro language *макроязык*
macro library *макробиблиотека*
macro processor *макропроцессор*
macro programming *макропрограммирование*
macro prototype *макроопределение*
macros *макрокоманда, макроопределение;* [prof.] *макрос*
magazine feed attachment *устройство магазинной подачи*
magazine feeding attachment *устройство магазинной подачи*
magazine loader *загрузочное устройство магазинного типа*
magnetic card *магнитная карта*
magnetic character reader *считыватель магнитных символов*

magnetic core   *магнитный сердечник*

magnetic core storage   *устройство хранения на магнитных сердечниках*

magnetic core store   *память на магнитных сердечниках*

magnetic disk   *магнитный диск*

magnetic disk memory   *память на магнитном диске*

magnetic disk storage   *хранение на магнитном диске*

magnetic disk store   *запоминающее устройство на магнитном диске*

magnetic disk unit   *дисковод*

magnetic drum   *магнитный барабан*

magnetic drum unit   *блок магнитного барабана*

magnetic erasing head   *магнитная стирающая головка*

magnetic head   *магнитная головка*

magnetic head core   *сердечник магнитной головки*

magnetic head gap   *зазор магнитной головки*

magnetic ink   *магнитные чернила*

magnetic ink character   *магнитный символ*

magnetic ink character recognition (MICR)   *распознавание магнитных знаков*

magnetic memory   *магнитная память*

magnetic reader head   *магнитная читающая головка*

magnetic recording   *магнитная запись*

magnetic recording/reproducing head   *магнитная универсальная головка*

magnetic reproducing head   *магнитная воспроизводящая головка*

magnetic storage   *магнитное хранение*

magnetic storage medium   *носитель для магнитного хранения*

magnetic store   *магнитное запоминающее устройство*

magnetic stripe   *магнитная полоска*

magnetic stripe reader   *устройство чтения магнитных полосок*

magnetic stripe recording   *запись на магнитные полоски*

magnetic tape   *магнитная лента*

magnetic tape cartridge   *кассета с магнитной лентой*

magnetic tape cassette   *кассета с магнитной лентой*

magnetic tape drive   *лентопротяжный механизм*

magnetic tape leader   *начальный участок магнитной ленты*

magnetic tape reader   *устройство чтения с магнитной ленты*

magnetic tape storage   *хранение на магнитной ленте*

magnetic tape store   *запоминающее устройство на магнитной ленте*

magnetic tape trailer   *концевик магнитной ленты;* [prof.] *запись на магнитную ленту данных с контрольными суммами*

magnetic tape transport mechanism   *лентопротяжный механизм*

magnetic tape unit   *блок накопителя на магнитной ленте*

magnetic thin-film storage   *хранение на магнитных пластинках*

magnetic track   *магнитная дорожка*

magnetic transfer   *магнитная передача*

magnitude   *величина, значение*

mail   *почта*

mail (vb.)   *посылать почтой*

mailbox   *почтовый ящик*

mailbox delivery   *доставка в почтовый ящик*

mailbox messaging   *обмен почтовыми сообщениями*

mailing label   *почтовый маркер*

mailing list *список рассылки*

mail merge *почтовое соединение*

mail node *почтовый узел*

mailslot [telecom.] *почтовый слот*

main cable *основной кабель;* [el.] *питающий кабель*

main control unit *основной модуль управления*

main file *главный файл*

mainframe *универсальная вычислительная машина, центральный процессор*

main memory *основная память*

main program *основная программа*

mains current *промышленный сетевой ток*

mains frequency *частота сетевого тока*

mains interruption *прерывание подачи тока*

mains lead *сетевой провод*

mains plug *сетевая вилка*

mains supply *сетевой источник питания*

mains supply plug *основной разъем питания*

main storage *основное устройство хранения*

main store *основное запоминающее устройство*

mains voltage [el.] *напряжение сети*

mains voltage fluctuation [el.] *флуктуации сетевого питающего напряжения*

maintain (vb.) *поддерживать, содержать*

maintenance *сопровождение, техническое обслуживание, эксплуатация*

maintenance contract *договор на техническое обслуживание*

maintenance costs *стоимость технического обслуживания*

maintenance program *программа технического обслуживания*

main title *основной заголовок*

major *главный*

major characteristic *главная характеристика*

majority *большинство*

major total [mat.] *главный итог*

make (vb.) *делать, производить*

make possible (vb.) *делать возможным*

maker *создатель*

malfunction *сбой*

malfunction routine *процедура обработки сбоев*

manage (vb.) *организовывать (процесс), управлять*

management control measures *мероприятия по обеспечению управления*

management information system (MIS) *административная информационная система*

manager *администратор, управляющая программа*

mandatory *мандатный*

manipulate (vb.) *манипулировать, обрабатывать*

manipulation *манипулирование, обработка*

man-machine interface (MMI) *интерфейс человек-машина*

manpower *рабочая сила*

mantissa [mat.] *мантисса*

manual *инструкция, описание, руководство, справочник, с ручным управлением*

manual control *ручной контроль*

manual editing   *ручное редактирование*

manual feed   *ручная подача*

manual input   *ручной ввод*

manual input unit   *устройство ручного ввода*

manual system   *ручная система*

manufacture (vb.)   *изготавливать, производить*

manufactured article   *промышленно произведенный продукт*

manufacturer   *изготовитель, фабрикант*

manufacturing costs   *стоимость производства*

manufacturing resource planning (MRP)   *планирование производственных ресурсов*

many digits, of   [mat.]   *многоразрядный*

map   *карта, план, схема*

map out (vb.)   *исключать (напр. дефектные цилиндры) из рассмотрения*

mapping   *отображение*

margin   *грань, запас регулирования, край, пределы рабочего режима*

marginal heading   [graph.]   *заголовок, находящийся на краю*

marginal note   [graph.]   *граничная запись*

marginal value   *граничная величина*

margin of safety   *пределы безопасности*

mark   *маркер, метка, отметка*

mark (vb.)   *маркировать, метить, отмечать*

marker   *маркер, метка, отметка, признак*

mark of division   [graph.]   *метка разделения*

mark of suspension   [graph.]   *метка приостановки (работы)*

mark reader   *устройство для считывания меток*

mark scanning   *сканирование меток*

mark sensing   *распознавание меток*

mask   *маска, трафарет, шаблон*

maskable interrupt   *маскированное прерывание*

mass   *масса, множество*

massage (vb.)   *массировать*

mass data   *множество данных*

mass storage   *внешняя память очень большой емкости*

mass storage device   *внешнее запоминающее устройство очень большой емкости*

mass storage unit   *модуль внешнего запоминающего устройства очень большой емкости*

mass store   *внешняя память очень большой емкости*

master   *ведущий, главный, основной*

master card   *главная плата*

master clock   *главная синхропоследовательность*

master computer   *главный компьютер*

master console   *главная консоль*

master control   *основной контроль*

master controller   *основной контроллер*

master control program   *программа основного контроля*

master copy   *оригинал, основной экземпляр*

master data   *основные данные*

master file   *главный файл, эталонный файл*

master machine   *ведущая машина, основная машина*

master plan   *основной план*

master profile   *основной набор параметров*

master routine   *основная процедура*

master space   *основная область*

master station   *основная станция*

master tape   *эталонная лента*

mat   *матрица*

match   *совпадение*

match (vb.)   *подбирать, согласовывать, сопоставлять, сочетать*

matching   *выравнивание, согласование*

mate   *соединять, спаривать*

material   *вещество, материал*

math co-processor   *математический сопроцессор*

mathematical sign   *математический знак*

matrix   *матрица*

matrix algebra   [mat.] *матричная алгебра*

matrix display   *матричный дисплей*

matrixer   *матричная схема*

matrix inversion   [mat.] *обращение матриц*

matrix multiplication   [mat.] *перемножение матриц*

matrix printer   [type.] *матричный принтер*

matrix-updating methods   *методы матричных преобразований*

maximization   *достижение максимума*

maximum clock frequency   *максимальная частота тактовых импульсов*

maximum-length sequence   [mat.] *последовательность максимальной длины*

maximum likelihood, method of   [mat.] *метод максимального правдоподобия*

maximum-likelihood decoding   [mat.] *декодирование по максимальной вероятности*

maze   *лабиринт*

Mb (megabit)   [unit] *мегабит*

MB (megabyte)   [unit] *мегабайт*

MCR (microcode register)   *регистр микрокоманд*

MDR (memory data register)   *информационный регистр памяти*

mean   *среднее*

mean access time   *среднее время доступа*

meaning   *значение, смысл*

mean range   [stat.] *средний размах варьирования*

means   *способ, средство*

mean square deviation   [stat.] *средний квадрат отклонения*

mean square error   [stat.] *средний квадрат ошибки*

mean time between failures (MTBF)   *среднее время между отказами*

measurable   *измеримый*

measure   *критерий, масштаб, мера, показатель;* [mat.] *делитель*

measured signal   *измеренный сигнал*

measured value   *измеренная величина*

measurement   *замер, измерение*

measure of a column   [graph.] *масштаб колонки*

measure of precaution   *мера предосторожности*

measures of variation   *характеристики рассеяния*

measuring equipment   *измерительное оборудование*

measuring error   *ошибка измерений*

measuring fault   *ошибка измерений*

measuring result   *результат измерений*

measuring signal   *сигнал измерения*

measuring uncertainty   *неопределенность измерений*

measuring unit   *измерительный модуль*

mechanical dialer   [telecom.] *автоматический номеронабиратель*

mechanical translation   *автоматическая трансляция, автоматический перевод*

mechanical verifier   *автоматический верификатор*

median   *медиана*

medium   *среда, среднее значение, средство*

medium frequency   *средняя частота*

medium scale integration (MSI)   *средняя степень интеграции*

meeting   *встреча*

meet operator   *операция логического умножения*

mega (M)   [unit] *мега*

megabit (Mb)   [unit] *мегабит*

megabyte (MB)   [unit] *мегабайт*

megahertz   *мегагерц*

member   *элемент*

member record   *запись подчиненного уровня*

membership   *принадлежность*

membrane   *мембрана*

membrane keyboard   *мембранная клавиатура*

memorize (vb.)   *запоминать, хранить*

memory   *запоминающее устройство, память*

memory access control   *управление доступом к памяти*

memory adapter   *адаптер памяти*

memory address register   *адресный регистр памяти*

memory address space   *адресное пространство памяти*

memory allocation   *распределение памяти*

memory bank   *банк памяти*

memory board   *плата памяти*

memory capacity   *емкость памяти*

memory cell   *ячейка памяти*

memory compaction   *уплотнение памяти*

memory cycle   *цикл обращения к памяти*

memory data register (MDR)   *информационный регистр памяти*

memory dump   *дамп памяти, распечатка содержимого памяти*

memory extension option   *выбор расширенной памяти*

memoryless   *без запоминания*

memory lock   *блокировка памяти*

memory management unit (MMU)   *модуль управления памятью*

memory map   *карта памяти*

memory mapped device   *устройство для распределения памяти*

memory mapping   *распределение памяти*

memory model   *модель памяти*

memory printout   *распечатка памяти*

memory protection   *защита памяти*

memory reference instruction   *команда обращения к памяти*

memory register (MR)   *регистр памяти*

memory size   *размер памяти*
memory test   *тест памяти*
memory typewriter   *пишущая машинка с памятью*
menu   *меню*
menu bar   *полоса меню*
menu bypass   *в обход меню*
menu-driven   *управление при помощи меню*
menu-driven dialogue   *диалог при помощи меню*
menu-driven enquiry procedure   *процедура опроса при помощи меню*
menu-driven program   *программа, управляемая при помощи меню*
menu input   *вход в меню*
merge   *объединение, слияние*
merge (vb.)   *сливать*
merged transistor logic (MTL)   *логика на совмещенных транзисторах*
merge program   *объединяющая программа*
merger   *объединение, слияние*
mesh   *объединение, сетка, слияние, ячейка (сетки)*
meshing   *объединение, слияние, усложнение*
message   *послание, сообщение*
message controlling   *управление сообщениями*
message format   *формат сообщения*
message handling system (MHS)   *система обработки сообщений*
message passing   *сетевая передача сообщений*
message queue   *очередь посылок*
message source   *источник сообщения*
message switching   *переключение сообщений*
message time   *время посылки*
message transfer agent (MTA)   *агент по передаче сообщений*
messaging   *обмен сообщениями*
meta data   *метаданные*
meta information   *метаинформация*
meta-language   *метаязык*
metaloxide semiconductor (MOS)   [el.] *металл-оксид-полупроводник (МОП)*
metaloxide semiconductor technology (MOS technology)
    металл-оксид-полупроводниковая технология
meter   *измерительный прибор, счетчик*
method   *метод, способ*
metric   *метрический*
MHS (message handling system)   *система обработки сообщений*
MICR (magnetic ink character recognition)   *распознавание магнитных
    знаков*
micro   *микро-, микрокомпьютер*
microchip   [el.] *микросхема*
microcircuit   [el.] *микросхема*
microcircuit card   *плата с микросхемами*
microcode   *микрокоманда*
microcode register (MCR)   *регистр микрокоманд*
microcomputer   *микрокомпьютер*
microelectronics   *микроэлектроника*
microfiche   *микрофиша*
microfilm   *микрофильм*

microimage *микроизображение*

microinstruction *микроинструкция*

microprocessing unit (MPU) *микропроцессорный модуль*

microprocessor *микропроцессор*

microprocessor central processing unit *центральное микропроцессорное устройство для обработки данных*

microprocessor system *микропроцессорная система*

microprogram *микропрограмма*

microprogramming *микропрограммирование*

microwave link *микроволновая связь*

MIDI (musical instrument digital interface) *музыкальный инструментальный цифровой интерфейс*

mid-point wire [el.] *средний провод*

migration *миграция, перемещение, перенос*

migration path *перемещаемая часть*

milli (m) [unit] *милли-*

million instructions per second (MIPS) [unit] *миллион команд в секунду (единица измерения быстродействия ЭВМ)*

miniaturization [el.] *миниатюризация*

minicomputer *миникомпьютер*

minidisk *минидиск*

minidiskette *минидискета*

minifloppy *гибкий минидиск*

minimum clock frequency *минимальная частота тактирования*

minimum clock-pulse duration *минимальный период тактирования*

minimum clock time *минимальное время счета*

miniprocessor *минипроцессор*

minitower *минибашня (корпус компьютера)*

minor axis [mat.] *малая ось (эллипса)*

minor characteristic *второстепенная характеристика*

minuend [mat.] *уменьшаемое*

minus *минус*

minus coefficient [mat.] *отрицательный коэффициент*

minus sign *отрицательный признак*

MIPS (million instructions per second) [unit] *миллион команд в секунду (единица измерения быстродействия ЭВМ)*

mirrored disk *зеркальный диск*

MIS (management information system) *административная информационная система*

miscalculation *неверный расчет, ошибка в вычислении, просчет*

misfeed *неверная подача*

misoperation *неправильная работа*

miss of signal *пропадание сигнала*

misspell *орфографическая ошибка*

mistake *ошибка*

misuse of data *злоупотребление данными*

misuse of information · *злоупотребление информацией*

mix *смесь*

mixed smart-optical card *смешанная идентификационно-оптическая карточка*

MMI (man-machine interface) *интерфейс человек-машина*

MMU (memory management unit) *модуль управления памятью*
mnemonic *мнемоника*
mnemonic code *мнемокод*
mnemonics *мнемоника*
mnemonic symbol *мнемосимвол*
mobile *подвижный*
mock device *макет*
mode *метод, наиболее вероятное значение, принцип, режим, состояние, способ*
mode designation *обозначение режима*
model *модель, образец*
modem *модем*
modem (modulator/demodulator) [telecom.] *модем (модулятор/демодулятор)*
mode of operation *режим операции*
mode selector *устройство выбора режима*
modification *модификация*
modification file *файл модификаций*
modification instruction *модификационная инструкция*
modifier *модификатор*
modifier key *модифицирующая клавиша*
modifier register *индексный регистр*
modify (vb.) *видоизменять, изменять, модифицировать*
modular component *модульный компонент*
modular construction *модульная конструкция*
modular design *модульное проектирование*
modular programming *модульное программирование*
modular section *модульная секция*
modular system *модульная система*
modular unit *модульная единица*
modulate (vb.) *модулировать*
modulation rate *степень модуляции*
modulator *модулятор*
module *блок, модуль*
modulo [mat.] *по модулю*
modulo-n-check *контроль по модулю n*
modulo-n counter *счетчик по модулю n*
modulus [mat.] *модуль, основание системы счисления, показатель степени*
moiré [tv] *муар*
moiré effect [tv] *эффект муара*
moisture meter *измеритель влажности*
monadic *унарный*
monadic operation *унарная операция*
monic polynominal [mat.] *нормированный многочлен*
monitor *диспетчер, монитор, управляющая программа*
monitor (vb.) *контролировать*
monitoring *текущий контроль*
monitoring program *программа текущего контроля*
monitor program *программа-диспетчер, программа-монитор*
monitor software *управляющее программное обеспечение*
monochromatic *монохроматический*
monochrome *одноцветный*

monochrome display   *монохромный дисплей*

monomial   [mat.] *одночлен*

monospacing   *с одним интервалом*

monostable flip-flop   [el.] *одностабильный триггер*

monostable multivibrator   [el.] *одностабильный мультивибратор*

monovibrator   [el.] *одновибратор*

Monte-Carlo-method   [stat.] *метод Монте-Карло*

month   *месяц*

morpheme   *морфема*

morphological   *морфологический*

morphology   *морфология*

mortality   *выход из строя*

MOS (metaloxide semiconductor)   [el.] *металл-оксид-полупроводник (МОП)*

MOS-FET (MOS-field-effect transistor)   [el.] *полевой транзистор, изготовленный по МОП технологии*

MOS technology   [el.] *МОП технология*

MOS technology (metaloxide semiconductor technology)   *металл-оксид-полупроводниковая технология*

most probable correction   *наиболее вероятное исправление*

MOS transistor   [el.] *МОП транзистор*

most significant bit (MSB)   *старший бит*

most significant digit (MSD)   *старшая цифра*

motherboard   *объединительная плата;* [el.] *материнская плата*

motion   *движение*

motor   *мотор*

mouse   *мышь (манипулятор)*

mouse cursor   *курсор мыши*

mouse menu selection   *выбор меню при помощи манипулятора мышь*

mouse/menu technique   *техника мышь/меню*

mouse pointer   *указатель манипулятора мышь*

movable   *перемещаемый*

move (vb.)   *двигать, перемещать*

move away (vb.)   *двигать прочь*

MPC (multimedia PC)   *персональный компьютер для мультимедиа*

MPU (microprocessing unit)   *микропроцессорный модуль*

MR (memory register)   *регистр памяти*

MRP (manufacturing resource planning)   *планирование производственных ресурсов*

MSB (most significant bit)   *старший бит*

MSD (most significant digit)   *старшая цифра*

MSI (medium scale integration)   *средняя степень интеграции*

MTA (message transfer agent)   *агент по передаче сообщений*

MTBF (mean time between failures)   *среднее время между отказами*

MTL (merged transistor logic)   *логика на совмещенных транзисторах*

multi-address instruction   *многоадресная инструкция*

multichannel protocol   *многоканальный протокол*

multi-chip   [el.] *многокристальная микросхема*

multicopy form   [graph.] *в нескольких экземплярах*

multi-digit   [mat.] *многоцифровой*

multidrop line   *многопользовательская линия*

multidrop network   *многопользовательская сеть*

multifont character recognition *многошрифтовое распознавание символов*
multifont reader *многошрифтовое устройство чтения*
multifont recognition *многошрифтовое распознавание*
multijob operation *многозадачная операция*
multi-key sort *многоключевая сортировка*
multilayer card *многослойная печатная плата*
multilayer print *многослойная печать*
multi-level addressing *многоуровневая адресация*
multiline format *многолинейный формат*
multimedia *мультимедиа (комплексное представление информации)*
multimedia PC (MPC) *компьютер мультимедиа*
multinational *многонациональный*
multinomial [mat.] *многочлен, полином*
multipath effect [tv] *эффект многократной вставки*
multiphase monolithic integrated circuit *многофазная монолитная*
    интегральная схема
multi-place [mat.] *многоместный*
multiple [mat.] *кратное число*
multiple access *коллективное пользование*
multiple-address instruction *многоадресная инструкция*
multiple conductor [cl.] *составной проводник*
multiple cross-classification [stat.] *составная классификация*
multiple-font reader *многошрифтовое устройство чтения*
multiple root [mat.] *многократный корень*
multiple windowing *многооконный*
multiplex *мультиплексный*
multiplex bus *мультиплексная шина*
multiplex channel *мультиплексный канал*
multiplexed operation *мультиплексная операция*
multiplexer (MUX) *мультиплексор*
multiplexer channel *мультиплексированный канал*
multiplex hierarchy *мультиплексная иерархия*
multiplexing *мультиплексирование, уплотнение (каналов)*
multiplex link *мультиплексная связь*
multiplex mode *мультиплексный способ*
multiplex operation *мультиплексная операция*
multiplex transmission *мультиплексная передача*
multiplicand [mat.] *множимое*
multiplicand register *регистр множимого*
multiplication [mat.] *умножение*
multiplication sign *признак умножения*
multiplication table [mat.] *таблица умножения*
multiplier *умножитель*
multiplier register *регистр умножителя*
multiply (vb.) [mat.] *множить, умножать*
multipoint configuration *многоточечная конфигурация*
multipoint connection *многоточечное соединение*
multipoint line *многоточечная линия*
multipoint net *многоточечная сеть*
multipoint network *многоточечная сеть*
multipoint-ring configuration *многоточечная кольцевая конфигурация*

multiprocessing   *мультипроцессорная обработка*

multiprocessing system   *мультипроцессорная система*

multiprocessor   *мультипроцессор*

multiprogramming   *мультипрограммирование*

multiprogramming nucleus   *ядро мультипрограммирования*

multiserver network   *многопользовательская сеть*

multi-station system   *система со многими станциями*

multitask   *многозадачный*

multitasking   *многозадачный режим*

multithreaded processing   *многопоточная обработка*

multitude   *множество*

multiuser   *многопользовательский*

multiuser computer   *многопользовательский компьютер*

multiuser cryptosystem   *многопользовательская криптосистема*

multiuser microprocessor   *многопользовательский микропроцессор*

multiuser system   *многопользовательская система*

multi-valued logic   *многозначная логика*

multivariate distribution   [stat.] *многомерное распределение*

multivibrator   [el.] *мультивибратор*

multiway   *многоканальный*

mu-metal   [phys.] *мю-металл*

musical instrument digital interface (MIDI)   *музыкальный инструментальный цифровой интерфейс*

mutual exclusion   *взаимное исключение*

MUX (multiplexer)   *мультиплексор*

N (no)   *нет*

nail   [el.] *пружинный контакт (для проверки плат)*

NAK (negative acknowledgement)   *отрицательное квитирование*

name   *имя, название, наименование*

nanosecond   [unit] *наносекунда*

nanosecond logic   *наносекундная логика*

Napierian logarithm   *натуральный логарифм*

narrative   *комментарий;* [graph.] *примечание*

narrow   *узкий*

narrow band   [el.] *узкополосный*

narrow-band interference   [el.] *узкополосная помеха*

narrow-band noise   [el.] *узкополосный шум*

narrowly spaced   *мелкодискретный*

national keyboard   *национальная клавиатура*

native language   *родной язык*

natural   *естественный, природный;* [mat.] *натуральный*

natural language   *натуральный язык*

natural logarithm   [mat.] *натуральный логарифм*

natural noise   [el.] *естественный шум*

natural number   [mat.] *натуральное число*

natural resource   *естественные ресурсы*

N/C (numerical control)   *цифровой контроль*

NCR paper (no carbon required paper)   *бумага, не требующая копирки*

NDR (non-destructive read)   *неразрушающее чтение*

near letter quality (NLQ)   *режим печати с высоким качеством*

near letter quality printer   [type.] *принтер с режимом печати высокого качества*

needle   *штырек*

negate   *инвертировать*

negation   *отрицание*

negative   *знак минус, отрицательная величина*

negative acknowledgement (NAK)   *отрицательное квитирование*

negative exponential function   [mat.] *отрицательная показательная функция*

negative feedback   [el.] *отрицательная обратная связь*

negative logic   *отрицательная логика*

negative response   *отрицательный ответ*

negative sign   *отрицательный признак*

negative video-signal   [tv] *отрицательный видеосигнал*

negator   *инвертирующий элемент, инвертор*

negligible   *незначительный, пренебрежимо малый*

negotiation   *согласование (абонентов сети)*

nest   *вложенное множество, гнездо*

nest (vb.)   *вкладывать, формировать гнездо*

nested   *вложенный*

nested parenthesis   *вложенное вводное слово*

nested subroutine   *вложенная подпрограмма*

nesting   *вложение, вложенность*

nesting folders   *вложенные папки*

net configuration   *конфигурация сети*

net controller   *сетевой контроллер*
network   *сеть*
network architecture   *архитектура сети*
network configuration   *конфигурация сети*
network congestion   [telecom.] *закупорка сети*
network database   *сетевая база данных*
network expansion   *сетевое расширение*
network interface board   *сетевая интерфейсная плата*
network layer   *сетевой уровень*
network management   *сетевое управление*
network management centre (NMC)   *сетевой управляющий центр*
network management point   *точка управления сетью*
network operating system   *система сетевого управления*
network planning   *сетевое планирование*
network structure   *структура сети*
network user address (NUA)   *пользовательский сетевой адрес*
network user identification (NUI)   *идентификация пользователя сети*
neural network   [cyber.] *нейронная сеть*
neutral   [el.] *нейтральный, средний*
neutral conductor   [el.] *нейтральный проводник*
neutral layer   *средний уровень*
neutral state   *среднее состояние*
neutrodyne   [cyber.] *нейтродин*
neutrodyne circuit   [cyber.] *нейтродинная схема*
new   *новый*
new line   *новая строка*
new-line character   *символ новой строки*
new-line key   *клавиша перехода на новую строку*
nexus   *связь, соединение*
nibble   *полубайт*
nickname   *прозвище*
night setting   *ночная установка (параметров)*
nil   *нуль*
NIP (non-impact printer)   *безударный принтер*
NLQ (near letter quality)   *режим печати с высоким качеством*
NMC (network management centre)   *сетевой управляющий центр*
NMI (non-maskable interrupt)   *немаскируемое прерывание*
no-break system   *система, устойчивая к отказам*
no carbon required paper (NCR paper)   *бумага, не требующая копирки*
no-current state   *состояние отсутствия питания*
nodal line   [el.] *узловая линия*
node   *узел;* [mat.] *точка пересечения*
noise   *помехи, шум*
noise interference   [el.] *шумовая помеха*
noise suppressor   *шумоподавитель*
nomenclature   *спецификация, терминология*
nominal   *именной, номинальный*
nominal value   *номинальная величина*
nomogram   *номограмма*
nomograph   *номограмма*
no name brand   *безымянное клеймо*

non-contiguous   *не соприкасающийся*

non-dedicated server   *неспециализированный сервер*

non-destructive read (NDR)   *неразрушающее чтение*

non-erasable medium   *нестираемый носитель*

non-erasable memory   *нестираемая память*

non-executable   *неисполняемый*

non-flicker   *не мерцающий*

non-glare screen   *антибликовый экран*

non-impact printer (NIP)   *безударный принтер*

non-linear programming   *нелинейное программирование*

non-linear text   *нелинейный текст*

non-maskable interrupt (NMI)   *немаскируемое прерывание*

non-preemptive scheduling   *неприоритетное планирование*

non-printing character   *непечатаемый символ*

non-procedural language   *непроцедурный язык*

non-return-to-zero mark recording   *запись без перехода через нуль*

non-simultaneous transmission   *неодновременная передача*

nonstop   *без остановки*

nonstop operation   *безостановочная операция*

non-switched net   *непереключаемая сеть*

non-volatile   *энергонезависимый*

non-volatile memory   *энергонезависимая память*

non-volatile store   *энергонезависимое запоминающее устройство*

no-op(eration instruction)   *пустая инструкция*

norator   *норатор (элемент с бесконечно большим сопротивлением)*

Nordic Public Data Network (NPDN)   *Система передачи открытой
информации для скандинавских стран*

norm   *норма, образец*

normal (adj.)   [mat.]   *нормальный*

normal condition   *обычное состояние*

normal distribution   [stat.]   *нормальное распределение*

normal error curve   [mat.]   *кривая нормальной ошибки*

normal form   *обычная форма*

normality   [stat.]   *нормализация*

normal line   [mat.]   *нормальная линия*

normal position   *обычная позиция*

normal response   *нормальный отклик*

normative   *норматив*

notation   *нотация, система счисления*

notepad   *записная книжка*

notepad memory   *память записной книжки*

note paper   *бумага для заметок*

notice   *заметка*

notice board   *доска для заметок*

nought   *нуль*

nought state   *нулевое состояние*

novel   *оригинальный*

NPDN (Nordic Public Data Network)   *Система передачи открытой
информации для скандинавских стран*

NUA (network user address)   *пользовательский сетевой адрес*

NUI (network user identification)   *идентификация пользователя сети*

null *нуль*

null character string *символ пустой строки*

nullification *аннулирование*

null modem *нуль-модем*

null set [mat.] *пустое множество*

null string *нулевая строка*

number *номер, цифра, число*

number (vb.) *нумеровать, считать*

number couple *числовая пара*

number cruncher *сверхбыстродействующий компьютер*

number indicator *цифровой индикатор*

numbering *нумерация*

numbering machine *цифровая машина*

numbering transmitter [telecom.] *цифровой передатчик*

number of impulses *число пульсаций*

number representation *цифровое представление*

number system *цифровая система;* [mat.] *система счисления*

numeral *нумерал (представление числа), цифра, числительное, числовой*

numeric(al) *цифровой*

numerical calculation *численные вычисления*

numerical channel *цифровой канал*

numerical control (N/C) *цифровой контроль*

numerical display *цифровой дисплей*

numerical value *цифровая величина*

numeric character *цифровой символ*

numeric character set *набор цифровых символов*

numeric code *цифровой код*

numeric data *цифровые данные*

numeric key *цифровая клавиша*

numeric keyboard *цифровая клавиатура*

numeric keypad *малая цифровая клавиатура*

numeric pad *цифровая клавиатура*

numeric representation *цифровое представление*

O

obey (vb.) *выполнять, исполнять (команду)*

object *объект, предмет;* [prof.] *объектный*

object choice *объектная альтернатива*

object code *объектный код*

object computer *объектный компьютер*

objective *задание, цель*

object language *выходной язык, объектный язык*

object module *объектный модуль*

object-oriented graphics *объектно-ориентированная графика*

object-oriented programming (OOP) *объектно-ориентированное программирование*

object program *объектная программа*

oblique stroke [graph.] *наклонная черта*

obliterate (vb.) *стирать, уничтожать*

observation *замечание, наблюдение*

observe (vb.) *замечать, наблюдать*

obsolete *устарелый*

obstruct (vb.) *чинить препятствия*

obstruction *препятствие*

OC (op(eration) code) *код операции*

occupied *занимаемый*

occur (vb.) *иметь место, случаться*

occurrence *вхождение, наличие*

OCE (open communication environment) *открытая коммуникационная среда*

OCR (optical character recognition) *оптическое распознавание символов*

OCR font *оптически распознаваемый шрифт*

OCR ink (optical character recognition ink) *чернила для оптического распознавания символов*

OCR paper *бумага для оптического распознавания знаков*

OCR printer *принтер для оптического распознавания знаков*

OCT (octal) *восьмеричный*

octad *восьмерка (символов), октада*

octal (OCT) *восьмеричный*

octal numeration system *восьмеричная система счисления*

octet *восьмерка (символов), октада*

octodenary *восемнадцатеричный*

octonary *восьмеричный*

ODA (office document architecture) *форма документа для учрежденческой деятельности*

odd-even check *проверка на четность-нечетность*

oddness *нечетность*

odd page [graph.] *добавочная страница*

odd parity *нечетность*

odds *неравенство, разница, расхождение*

OEM (original equipment manufacturer) *изготовитель оборудования*

off *выключенный, отключенный*

office automation *автоматизация учрежденческой деятельности*

office computer *компьютер для учрежденческой деятельности*

office document architecture (ODA)   *форма документа для учрежденческой деятельности*

office procedure   *процедура учрежденческой деятельности*

offline   *автономный, независимый, отключенный*

offline data transmission   *независимая передача данных*

offline printout   *автономная распечатка*

offline processing   *независимая обработка*

offset   *отклонение регулирования, сдвиг, смещение*

off-state |el.| *отключенное состояние*

off-state current |el.| *ток в закрытом состоянии (тиристора)*

off-the-shelf   *не требующий доработок пользователем*

of many digits |mat.| *многоразрядный*

OLTP (online transaction processing)   *оперативная обработка входных сообщений*

omission   *вычеркивание, опускание*

omnifont character recognition   *распознавание любого шрифта*

omnifont reader   *устройство считывания любого шрифта*

omnifont recognition   *распознавание любого шрифта*

OMR (optical mark recognition)   *оптическое распознавание маркера*

OMR ink (optical mark recognition ink)   *чернила для оптического распознавания маркера*

on   *включенный;* |el.| *состояние 'включено'*

on a large scale   *в большом масштабе*

one-address instruction format   *одноадресный формат инструкции*

one-address machine   *одноадресная машина*

one-at-a-time mode |telecom.| *пошаговый режим*

one-chip   *однокристальный*

one-dimensional   *одномерный*

one-level address   *одноуровневый адрес*

one-level addressing   *одноуровневая адресация*

one-shot multivibrator |el.| *моностабильный мультивибратор, однотактный мультивибратор*

one-tenth decade   *однодесятичная декада*

one-valued |mat.| *однозначный*

one-way authentication   *однонаправленное опознавание*

one-way communication   *однонаправленная связь*

one-way interaction   *однонаправленное взаимодействие*

one-way line   *однонаправленная линия*

one-way transmission   *однонаправленная передача*

online   *неавтономный, оперативный*

online computer system   *оперативная компьютерная система*

online data processing   *оперативная обработка данных*

online interrogation   *оперативный запрос*

online operation   *оперативное действие*

online real-time operation   *оперативная работа в реальном масштабе времени*

online system   *оперативная система*

online transaction processing (OLTP)   *оперативная обработка входных сообщений*

online transmission   *оперативная передача*

online video dictionary   *оперативный видеословарь*

on/off *включено/выключено*

on-off switch *переключатель включено-выключено*

onomasticon *словарь имен*

on-position *позиция 'включено'*

OOP (object-oriented programming) *объектно-ориентированное программирование*

op(eration) code (OC) *код операции*

op code (operation code) *код операции*

open *открывать, открытый*

open-collector [el.] *с открытым коллектором*

open communication environment (OCE) *открытая коммуникационная среда*

open configuration *открытая конфигурация*

open-drain [el.] *с открытым стоком*

open-emitter [el.] *с открытым эмиттером*

open-ended configuration *разомкнутая конфигурация*

open reading frame *группа данных, открытая для чтения*

open subroutine *открытая подпрограмма*

open system *открытая система*

open systems interconnection (OSI) *взаимодействие открытых систем*

open time *время открытия, открытое время*

operable *операционный*

operable time *операционное время*

operand *операнд*

operand address *адресный операнд*

operand entrance *доступ операнда*

operate (vb.) *действовать, оперировать, управлять*

operating command *действующая команда*

operating control *операционный контроль*

operating device *действующее устройство*

operating error *операционная ошибка, рабочая ошибка*

operating information *рабочая информация*

operating instructions *рабочие инструкции*

operating language *операционный язык*

operating manual *операционное руководство, рабочее руководство*

operating mode *оперативный режим*

operating panel *операционная панель, рабочая панель*

operating recommendation *оперативная рекомендация*

operating speed *рабочая скорость*

operating store *операционное хранение*

operating system (OS) *операционная система*

operating time *рабочее время*

operating trouble *рабочая неисправность*

operation *действие, операция, работа*

operation, out of *не работающий*

operational *действующий, операторный, операционный, рабочий*

operational analysis (OR) *операционный анализ, рабочий анализ*

operational error *операционная ошибка, рабочая ошибка*

operational failure *операционный сбой*

operational mode *оперативный режим*

operational research (OR) *исследование операций*

operational sign [mat.] *знак операции*

operational staff *операционный персонал*

operation code (OC) *код операции*

operation error *операционная ошибка, рабочая ошибка*

operation mode *оперативный режим, способ действия*

operation program *операционная программа*

operation register (OPR) *операционный регистр*

operations analysis (OR) *анализ операций*

operations per minute (OPM) [unit] *операций в минуту (единица измерения производительности ЭВМ)*

operations research (OR) *исследование операций*

operation time *операционное время*

operative (adj.) *действительный, действующий, оперативный*

operative level *действительный уровень, оперативный уровень*

operator *оператор, операция*

operator assignment *назначение оператора*

operator command *команда оператора*

operator console *консоль оператора*

operator control panel *операторская панель управления*

operator-entered *вводимый оператором*

operator message *сообщение оператора*

operator overloading *оператор перегрузки (системы)*

operator's guide *руководство для оператора*

operator's manual *справочник оператора*

OPM (operations per minute) [unit] *операций в минуту (единица измерения производительности ЭВМ)*

OPR (operation register) *операционный регистр*

optical bar-code reader *оптический считыватель штрихового кода*

optical bar-code scanner *оптический сканер штрихового кода*

optical cable *оптический кабель*

optical character reader *оптический считыватель символов*

optical character reading *оптическое считывание символов*

optical character recognition (OCR) *оптическое распознавание символов*

optical character recognition ink (OCR ink) *чернила для оптического распознавания символов*

optical character scanner *оптический символьный сканер*

optical digital disk *оптический цифровой диск*

optical disk *оптический диск*

optical display system *оптическая дисплейная система*

optical fibre *оптическое волокно*

optical filter *оптический фильтр*

optical mark reader *оптический считыватель маркера*

optical mark recognition (OMR) *оптическое распознавание маркера*

optical mark recognition ink (OMR ink) *чернила для оптического распознавания маркера*

optical memory *оптическая память*

optical mouse *оптическая мышь*

optical reader *оптический считыватель*

optical reading *оптическое считывание*

optical scanner *оптическое сканирование*

optical storage *оптическое запоминающее устройство*

optical transmission   *оптическая передача*
optical video disk   *оптический видеодиск*
optimization   *оптимизация*
optimizer   *оптимизатор*
optimizing   *поиск оптимального решения*
optimum   *оптимальный, оптимум*
option   *вариант, версия, выбор, параметр*
optional   *произвольный*
optional equipment   *дополнительное оборудование*
option key   *клавиша выбора*
optoelectronics   *оптоэлектроника*
optoisolation   *оптоизоляция*
optotransistor   *оптотранзистор*
OR (operational analysis)   *операционный анализ, рабочий анализ*
OR (operational research)   *исследование операций*
OR (operations analysis)   *анализ операций*
OR (operations research)   *исследование операций*
order   *порядок, последовательность, упорядоченность;* [mat.] *степень*
order code   *код команды*
order cycle   *цикл упорядочивания*
ordered file   *упорядоченный файл*
ordering   *упорядочение*
order of root   [mat.] *степень корня*
order parameter   *командный параметр*
order relation   *упорядоченное отношение*
order statistic   *статистика рангов*
ordinal   *порядковое числительное*
ordinary type   *обыкновенный тип*
ordinate   *ордината*
ordinate axis   [mat.] *ось ординат*
organization   *организация, структура, устройство*
organize (vb.)   *организовывать, устраивать*
OR gate   [el.] *элемент ИЛИ*
origin   *источник, начало, начало отсчета*
original (adj.)   *начальный, оригинальный*
original equipment manufacturer (OEM)   *изготовитель оборудования*
originate (vb.)   *происходить*
orphan   [type.] *висячая строка*
orthodiagonal   [mat.] *ортодиагональный*
orthogon   *прямоугольник*
orthogonal   *ортогональный*
orthographic fault   [lingv.] *орфографическая ошибка*
orthography   [lingv.] *орфография*
OS (operating system)   *операционная система*
OSC (oscillator)   [el.] *генератор*
oscillate (vb.)   *вибрировать, колебать*
oscillation   *генерация, колебание*
oscillator (OSC)   [el.] *генератор*
oscilloscope   *осциллограф*
osculate (vb.)   [mat.] *соприкасаться*
osculation   [mat.] *касание, соприкосновение*

osculation point [mat.] *точка касания*

OSI (open systems interconnection) *взаимодействие открытых систем*

outage *выход из строя*

outcome *исход, итог, результат*

outdegree *полустепень исхода*

outer code *внешний код*

outgoing line [telecom.] *отработанная линия*

outlet *вывод, выход*

outline *контур, очертание*

outline font *контурный шрифт*

out of action *неактивный*

out of date *устарелый*

out of operation *бездействующий*

out of service *необслуживаемый*

output *вывод, выход, выходные данные*

output (vb.) *выводить*

output buffer *выходной буфер*

output cancellation *отмена вывода*

output capacity *способность к выводу*

output channel *выходной канал, канал вывода*

output code *выходной код*

output configuration *конфигурация выхода*

output data *выводимые данные*

output device *выходное устройство*

output port *выходной порт*

output primitive *результирующий примитив*

output process *выходной процесс*

output program *программа вывода*

output quality *качество вывода*

output register *выходной регистр*

output section *выходная секция*

output store *выходное запоминающее устройство*

output terminal [el.] *терминал для вывода (данных)*

output unit *выходной модуль, устройство вывода*

output work queue *выходная очередь заданий*

outscriber *выходной записывающий механизм*

outsimbol *выводить символ*

out-tray *лоток для 'исходящих'*

outtype *выводить на печать*

overall (adj.) *общий, полный, предельный*

overcompensation *перекомпенсация*

overcorrection *перерегулирование*

overdrive *превышать ограничения*

overfill (vb.) *переполнять*

overfilling *переполнение*

overflow *переполнение*

overflow area *область переполнения*

overflow control *контроль переполнения*

overhead *накладные расходы*

overhead operation *служебная операция*

overlap *перекрытие, совмещение*

overlapping   *работа с перекрытием*

overlay   *наложение, оверлей, оверлейная программа, перекрытие*

overlay (vb.)   *перекрывать*

overlay area   *оверлейная область*

overload(ing)   *перегрузка*

override (vb.)   *замещать, отвергать*

overrun   *перегрузка, переполнение*

overstrike   *набор лишних символов (на клавиатуре)*

overview   *обзор*

overwrite (vb.)   *перезаписывать*

overwriting of data   *перезапись данных*

owner record   *запись пользователя*

ownership   *монопольное использование, право собственности*

owner's manual   *руководство пользователя*

oxide isolation   [micro.] *оксидная изоляция*

ozonization plant   *озоновый завод*

ozonizer   *озонатор*

PABX (private automatic branch exchange)   *учрежденческая АТС без входящей и исходящей связи*

PABX extension phone   *местный телефон*

pack   *блок, пакет, узел*

pack (vb.)   *паковать, уплотнять*

package   *модуль, пакет*

packaging   *упаковка;* [el.] *компоновка*

packed   *скомпонованный, упакованный*

packed decimal   *упакованное десятичное число*

packet   *пакет*

packet assembler/disassembler (PAD)   *программный пакет с ассемблером и дизассемблером*

packet assembling   *пакетное ассемблирование*

packet-mode terminal   [telecom.] *терминал для пакетной работы*

Packet Switched Public Data Network (PSPDN)   *общественная сеть с коммутацией пакетов данных*

packet switching   *коммутация пакетов*

packet switching exchange (PSE)   *обмен коммутационными пакетами, пункт коммутации пакетов*

packing   *упаковка, уплотнение*

packing density   *плотность упаковки*

packing factor   *фактор упаковки*

packing procedure   *процедура упаковки*

pad   *клавишная панель, контактная площадка*

pad (vb.)   *заполнять, набивать*

PAD (packet assembler/disassembler)   *программный пакет с ассемблером и дизассемблером*

pad character   *дополнительный символ*

padding   *дополнение пробелами, знак-заполнитель*

paddle   *затвор*

page   *лист, страница*

page-at-a-time printer   [type.] *принтер для печати в реальном масштабе времени*

page break   *разделитель страниц*

page depth   *насыщенность страницы*

page description language (PDL)   *язык описания страниц*

page eject   *выброс страницы*

page fault   *порча страницы*

page format   *формат страницы*

page imposition   [graph.] *наложение страницы*

page layout   [graph.] *формат страницы*

page length   *длина страницы*

page make-up   [graph.] *компоновка страницы*

page make-up program   *программа для компоновки страниц*

page number   *номер страницы*

page printer   *постранично печатающее устройство*

page scrolling   *перемещение страницы*

page skip   *пропуск страницы*

page skip character   *символ пропуска страницы*

page width   *ширина страницы*

paginate (vb.)   *разбивать (текст) на страницы*

pagination   *разбиение (текста) на страницы*

paging   *разбиение (памяти) на страницы, страничная организация;*
[prof.] *листание*

pair   *пара*

pair of scissors   *ножницы*

pair of tweezers   *пинцет*

PAL (programmable array logic)   [el.] *программируемая логическая
матрица*

palette   *палитра*

PAL system (phase alternation line system)   [tv] *система чередования строк
с переменной фазой (ПАЛ)*

panel   *панель*

panoramic monitor   *панорамный монитор*

pantograph   *пантограф*

paper   *бумага*

paper advance   *передвижение бумаги*

paper alignment   *центровка бумаги*

paper break   *разрыв бумаги*

paper chart-recorder   *бумажный самописец*

paper cutting machine   *машина для резки бумаги*

paper feed   *подача бумаги*

paper feeding   *подача бумаги*

paper-feed lock   *блокировка подачи бумаги*

paper-feed rod   [type.] *планка для подачи бумаги*

paper-feed roller   [type.] *валик для подачи бумаги*

paper-feed wheel ratchet   [type.] *храповый механизм для подачи бумаги*

paper-feed wheel shaft   [type.] *дисковый валик для подачи бумаги*

paper for continuous forms   *рулонная бумага*

paper gauge   *миллиметровка*

paper guide   [type.] *направляющий механизм для подачи бумаги*

paper guide roll   [type.] *направляющее устройство для рулонной бумаги*

paper insertion   *бумажная вставка*

paper jam   *застревание бумаги в подающем механизме принтера*

paper length   *длина бумаги*

paper path   *механизм, подающий бумагу в принтере*

paper release   [type.] *освобождение бумаги (в принтере)*

paper release lever   [type.] *рычаг освобождения бумаги (в принтере)*

paper scale   [type.] *шкала шага письма (пишущей машины)*

paper sheet   *бумажный лист*

paper size   *размер бумаги*

paper skip   *прогон бумаги*

paper tape   *бумажная лента*

paper tension control   *контроль натяжения бумаги*

paper thickness   *толщина бумаги*

paper thickness lever   *рычаг регулировки (принтера) по толщине бумаги*

paper throw   *прогон бумаги*

paper transport speed   *скорость перемещения бумаги*

paper tray   *лоток для бумаги*

paper weight   *вес бумаги*

paper width   *ширина бумаги*

paper window   *бумажное окно*

parabola   *парабола*

paradigm   [lingv.] *парадигма*

paragraph   *параграф*

paragraph split   *разбиение на параграфы*

parallel   *параллельный*

parallel adder   *параллельный сумматор*

parallel bus   *параллельная шина*

parallel computer   *параллельная машина*

parallel connection   [el.] *параллельное соединение*

paralleling   *запараллеливание*

parallel interface   *параллельный интерфейс*

parallelism   *параллелизм, параллельный принцип*

parallel line   *параллельная линия*

parallelogram   [mat.] *параллелограм*

parallel operation   *параллельная операция*

parallel port   *параллельный порт*

parallel processing   *параллельная обработка*

parallel processing system (PPS)   *система параллельной обработки*

parallel programmable control (PPC)   *параллельный програмный контроль*

parallel storage   *параллельное запоминающее устройство*

parallel subtracter   *параллельный вычитатель*

parallel terminal   *параллельный терминал*

parallel transmission   *параллельная передача*

parameter   *параметр*

parameter set   *установка параметров*

parameter value   *величина параметра*

parametric   *параметрический*

paramp   *параметрический усилитель*

parcel   *упакованный пакет (сообщений)*

parent directory   *родительский каталог*

parenthesis   *круглые скобки*

parenthesis-free notation   *бесскобочная нотация*

parent process   *родительский процесс*

parent record   *родительская запись*

parity   *равенство, четность*

parity bit   *бит четности*

parity check   *контроль четности*

parity error   *ошибка четности*

parity setting   *установка четности*

parse net   *сеть синтаксического анализа*

parser   *программа синтаксического анализа, синтаксический анализатор*

parse tree   *дерево синтаксического анализа*

parsing   *синтаксический анализ*

part   *доля, часть*

partial   *частичный*

partial (adj.) *пристрастный*

partial derivative   [mat.] *частная производная*

partial earth   [el.] *частичное заземление*

partial fraction   [mat.] *частичная дробь*

particular integral   [mat.] *определенный интеграл*

partition   *раздел, часть*

partition (vb.)   *разделять, расчленять*

Pascal   *язык программирования ПАСКАЛЬ*

pass   *прогон, проход*

pass (vb.)   *прогонять, пропускать, проходить*

passband   [el.]   *полоса пропускания*

pass instruction   *холостая команда*

passive   *пассивный*

passive detection   [el.]   *пассивное обнаружение*

passive monitoring   [el.]   *пассивный мониторинг*

passive registration   [el.]   *пассивная регистрация*

passive state   *пассивное состояние*

password   *кодовое слово, пароль*

password authentication   *идентификация пароля*

paste   *паста, тесто*

paste (vb.)   [graph.]   *клеить*

paste buffer   *склейка буфера*

patch   *заплата, перемычка*

patch (vb.)   *склеивать, соединять*

patent   *патент*

path   *ветвь, дорожка, путь, траектория, тракт, цепь*

pattern   *конфигурация, модель, образ, образец*

pattern directed invocation   *вызов (процедуры) по образцу*

pattern recognition   *распознавание образов*

pattern-sensitive fault   *кодочувствительная ошибка*

pause   *пауза*

PC (personal computer)   *персональный компьютер*

PC (program counter)   *программный счетчик*

PCB (printed circuit board)   [el.]   *печатная плата*

PC board (printed circuit board)   *печатная плата*

PCI (program controlled interrupt)   *программно-управляемое прерывание*

PCM (pulse code modulation)   *кодово-импульсная модуляция*

PDA (personal digital assistant)   *персональный цифровой помощник*

PDL (page description language)   *язык описания страниц*

peak   *максимум, пик*

peaking   *пиковый*

peak load   *максимальная загрузка*

peak load period   *период максимальной загрузки*

peak magnitude   *максимальная величина*

peak period   *период максимума (какой-либо величины)*

peak point   *пиковая точка*

peak value   *пиковая величина*

peek (vb.)   *прочесть информацию по машинному адресу*

peer   *всматриваться*

peg   *стержень (в ЗУ на магнитных стержнях)*

pel (picture element)   [graph.]   *пел (элемент картинки)*

pen computer   *компьютер со световым пером*

penetration   *преодоление защиты, проникновение*

penumbral   *частично отвечающий запросу*

perceived noise level   *уровень восприятия шума*

perceived noisiness   *ощутимые шумовые свойства*

per cent   *процент*

percentage   *процент, процентное отношение*

percentile   [graph.] *процентиль*

perception   *восприятие*

perfect number   [mat.] *совершенное число*

perforate   *перфорировать*

perforator   *перфоратор*

perform (vb.)   *выполнять, производить*

performance   *выполнение (операции), производительность, характеристика, эффективность*

performance of routine tasks   *производительность при выполнении стандартных задач*

performance standard   *стандарт качества функционирования*

period   *период, промежуток*

periodical   *периодический*

periodical function   [mat.] *периодическая функция*

peripheral   *внешнее устройство, периферийное устройство*

peripheral control unit   *модуль управления внешними устройствами*

peripheral device   *внешнее устройство*

peripheral equipment   *оборудование внешнего устройства*

peripheral interface adapter (PIA)   *периферийный интерфейсный адаптер*

peripheral processor   *периферийный процессор*

peripheral storage   *периферийное запоминающее устройство*

peripheral store   *периферийное запоминающее устройство*

peripheral technology   *технология внешнего устройства*

peripheral unit   *периферийный модуль*

periphery   *периферия*

permanent   *неизменный, постоянный*

permanent action   *постоянное действие*

permanent fault   *постоянная ошибка*

permanent file   *постоянный файл*

permanent memory   *постоянная память*

permanent storage   *постоянное запоминающее устройство*

permanent storage circuit   *схема постоянного запоминающего устройства*

permanent store   *постоянное запоминающее устройство*

permanent virtual circuit (PVC)   *постоянный виртуальный канал*

permissible   *допустимый, позволительный*

permissible variation   *допустимое отклонение*

permission   *разрешение*

permit (vb.)   *позволять, разрешать*

permutation   [mat.] *перестановка*

personal   *персональный*

personal computer (PC)   *персональный компьютер*

personal computing   *персональное вычисление*

personal digital assistant (PDA)   *персональный цифровой помощник*

personal file   *персональный файл*

personal identification number   *персональный идентификационный номер*

personal identification number code (PIN code)   *персональный идентификационный цифровой код*

personal information manager (PIM)   *персональный информационный менеджер* personalization   *персонализация*

per thousand   *на тысячу (промилле)*

phantom   *иллюзия, призрак*

phantom cursor   *фантомный курсор*

phantom job   *фантомное задание*

phase   *фаза, этап*

phase (vb.)   *фазировать*

phase alternation line system (PAL system)   [tv] *система чередования строк с переменной фазой (ПАЛ)*

phase change coefficient   *коэффициент изменения фазы*

phase encoding   *фазовое кодирование*

phase modulation   *фазовая модуляция*

phase modulation recording   *запись методом фазовой модуляции*

phase of work   *рабочая фаза*

phoneme   *фонема*

phone plug   *телефонный штепсель*

phonetic search   *фонетический поиск*

phonoplug   [el.] *телефонный штепсель*

phosphor   *люминофор, фосфор*

photocell   *фотоэлемент*

photocomposition   *фотокомпозиция*

photoconductor   [el.] *фоторезистор*

photocopier   *фотокопировальное устройство*

photodiode   [el.] *фотодиод*

photoelectric reader   *фотоэлектрический считыватель*

photoelectric tube   *фотоэлектронная лампа*

photoemissive cell   *фотоэммисионная ячейка*

photo facsimile transmission   *фотографическая факсимильная передача*

photographic facsimile   *фотографическое факсимиле*

photomash   *фотораствор*

photooptic memory   *фотооптическая память*

photoplotter   *фотоплоттер*

photoresist   *фоторезист*

photosensitive semiconductor   *светочувствительный полупроводник*

photosensor   *фотодатчик*

phototypesetter   *фотонаборная машина*

phrase   *фаза*

phrase marker   *фазовый маркер*

physical   *физический*

physical layer   *физический слой*

physical medium   *физическая среда*

physical record   *физическая запись*

PIA (peripheral interface adapter)   *периферийный интерфейсный адаптер*

pick up (vb.)   *считывать*

pick-up head   *считывающая головка*

pictorial element   *изобразительный элемент*

pictorial presentation   *макетное представление*

picture   *изображение, шаблон*

picture area   *область изображения*

picture aspect ratio   *коэффициент сжатия изображения*

picture character   *символ изображения*

picture data base   *база данных изображений*

picture element (pel) (pixel)   *элемент изображения (пиксел)*

picture information   *информационное изображение*

picture processing   *обработка изображений*

picture quality   *качество изображения*

picture resolution   *разрешение изображения*

picture segmentation   *сегментация изображения*

picture synthesis   *синтез изображения*

picture transmission   *передача изображения*

piece of information   *порция информации*

piece together   *составлять целое из частей*

pie chart   *секторная диаграмма*

pie diagram   *секторная диаграмма*

piezo-electric   [el.] *пьезоэлектрический*

piggybacking   *совмещение передачи прямых и обратных пакетов, ярусное расположение корпусов ИС*

pile (vb.)   *нагромождать*

PILOT (programmed inquiry learning or teaching)   *интерактивная система обучения*

pilot channel   [el.] *контрольный канал*

pilot current   [el.] *сигнальный ток*

pilot model   *опытная модель*

pilot test   *контрольный тест*

PIM (personal information manager)   *персональный информационный менеджер*

pin   *штифт, штырек;* [el.] *вывод, контакт*

pin and socket connector   [el.] *разъем, состоящий из вилки и розетки*

pincette   *пинцет*

PIN code (personal identification number code)   *персональный идентификационный цифровой код*

pin feed   *штифтовая подача*

pin feed paper   *бумага с ведущими отверстиями*

ping-pong buffer   *пинг-понговый буфер*

pin header   *штифтовая головка*

pinhole   *микроканал, прокол*

pinout   *вывод (микросхемы)*

PIN photodiode   [el.] *фотодиод в корпусе с двухрядным расположением выводов*

pin printer   [type.] *матричный принтер*

pioneer   *инициатор*

pipe   *труба*

pipeline processing   *конвейерная обработка*

pipelining   *конвейерный режим*

pirate copying   *пиратское копирование*

pitch   *шаг (число знаков на единицу длины)*

pixel (picture element) (pel)   *пиксел (элемент изображения)*

pixel density   *плотность элементов изображения*

pixel graphics   *растровая графика*

pixelization   *пространственная дискретизация изображения*

pixel phasing   *фазирование элементов изображения*

PLA (programmable logic array)   *программируемая логическая матрица*

place   *место, позиция, разряд*

plain   *простой, ясный*

plain text   *незашифрованный текст*

plan   *план, схема*

plan (vb.)   *планировать*

planar area   *планарная область*

planar transistor   [el.]   *планарный транзистор*

plane   *матрица, панель, плата*

planned   *запланированный, схематичный*

planner   *планировщик*

planning   *планирование*

plant   *предприятие, производственное оборудование;*
    [prof.]   *самомодификация программы*

plasma display   *плазменный дисплей*

plasma panel   [tv]   *плазменная панель*

plasma screen   [tv]   *плазменный экран*

plastic software   *пластичное програмное обеспечение*

plate   *пластина, плата*

plate (US)   [prof.]   *анод*

platen   [type.]   *валик*

platform   *платформа*

platter   *жесткий диск*

play   *игра*

playback signal   [el.]   *сигнал считывания*

player   *игрок*

PLC (programmable logic controller)   *программируемый логический*
    контроллер

plex   *сеть, сплетение (в базах данных)*

plot (vb.)   *вычерчивать график, вычерчивать диаграмму*

plotter   *графопостроитель, плоттер, программа графического вывода*

plotting board   *чертежная доска*

plotting instrument   *чертежный инструмент*

plug   *разъем;* [el.]   *штеккер, штепсель*

plug adapter   [el.]   *штепсельный адаптер*

plug and socket connection   [el.]   *разъем, состоящий из вилки и розетки*

plug compatible   *совместимый по разъемам*

plug containing neutral   *разъем с подключением нейтрали*

plug-in unit   *сменный модуль*

plug pin   [el.]   *контакт разъема*

plug socket   *гнездо разъема*

plug-wire   *коммутационный шнур*

plus   [mat.]   *плюс, положительная величина*

PLUS (price look up system)   *справочная система по ценам*

plus tree   *положительно ориентированное дерево*

ply   *пропускать (ленту)*

PM (preventive maintenance)   *профилактическое обслуживание*

pocket computer   *карманный компьютер*

pod   *переходная приставка*

point   *запятая (в дробях), пункт, точка*

pointer   *указатель*

pointer draw device   *устройство рисования при помощи указателя*
    (например, мышь)

pointing device   *устройство, позволяющее указать позицию на экране дисплея (например, мышь)*

point mistake   [mat.] *ошибка порядка*

point mode   *точечный режим*

point of measurement   *точка измерения*

point of origin   *место происхождения, точка начала программы*

point of sale terminal   *кассовый терминал*

point recorder   *точечный регистратор*

point size   [graph.] *точечный размер*

Poisson distribution   [stat.] *распределение Пуассона*

poke   *записать информацию по машинному адресу*

polarity   *полярность*

polar vector   [mat.] *полярный вектор*

Polish notation   *польская запись (префиксная запись)*

poll   *опрос*

poll (vb.)   *опрашивать*

polling   *опрос*

polling sequence   *последовательность опроса*

polygon   *многоугольник, полигон*

polymorphic   *с возможностью реконфигурации*

polynomial   *многочлен, полином*

polynomial codes   *полиноминальные коды*

polynomial equation   *полиноминальное уравнение*

polynomial interpolation   *алгебраическое интерполирование*

polynomial number   *алгебраическое число*

polysemanticism   *многозначность*

pool   *накопитель, пул*

pooling block   *накопительный блок*

pop   *выталкивание данных из стека*

population   *генеральная совокупность*

pop-up menu   *всплывающее меню*

pop-up window   *всплывающее окно*

port   *порт*

port (vb.)   *переносить*

portable   *переносной, портативный*

portable computer   *портативный компьютер*

portable microcomputer   *портативный микрокомпьютер*

portable PC   *портативный персональный компьютер*

portable terminal   *портативный терминал*

portable typewriter   [type.] *портативная пишущая машинка*

port-a-punch   *компостер, ручной пробойник*

portion   *блок, узел*

portrait font   *вертикально-ориентированный шрифт*

portrait mode   *вертикальное расположение*

position   *местоположение, позиция, разряд числа*

position (vb.)   *позиционировать*

positional representation   *позиционное представление*

position-independent code   *перемещаемый код*

positioning   *размещение, расположение*

position tree   *дерево положений*

positive   *положительная величина*

positive (adj.) *позитивный, положительный*

positive acknowledgement *подтверждение приема*

positive-edge-triggered *со срабатыванием по положительному фронту*

positive feedback [el.] *положительная обратная связь*

positive-going *нарастающий (фронт)*

positive logic *положительная логика*

positive selection *положительный выбор*

positive sign [mat.] *положительный знак*

possibility *возможность*

POS system (point of sale system) *система расчетов через кассовые терминалы*

post *регистрировать*

POST (power on self test) *тест при включении питания (в PC)*

postfix notation *бесскобочная запись, постфиксная нотация*

post mortem dump *аварийная распечатка, аварийный дамп*

post mortem program *аварийная программа*

post-processing *заключительная обработка*

pot *зарезервированная область памяти;* [prof.] *потенциометр*

potential *напряжение, потенциал*

potentiometer *потенциометр*

potting *герметизация*

power *мощность, производительность, способность, энергия;* [mat.] *показатель степени*

power cable [el.] *кабель питания*

power failure *сбой питания*

power-mode [mat.] *степенной*

power on/off *питание включить/выключить*

power on self test (POST) *тест при включении питания (в PC)*

power-on test *тест при подаче питания*

power point *электрический ввод*

power series [mat.] *степенной ряд*

power set [mat.] *показательное множество*

power socket *разъем питания*

power source *источник питания*

power supply *источник питания*

power switch *выключатель питания*

power-up diagnostics *диагностика при подаче питания*

power user *потребитель энергии*

PPC (parallel programmable control) *параллельное программное управление*

PPS (parallel processing system) *система параллельной обработки*

pragma *псевдокомментарий (в языке АДА), указание (компилятору)*

precautionary measure *мера предосторожности*

precedence *предшествование, приоритет, старшинство (операций)*

preceding zero *предшествующий нуль*

precise *точный*

precision *точность*

predicate *предикат, сказуемое*

predicate calculus *исчисление предикатов*

predicate logic *логика предикатов*

prediction *прогнозирование*

predictive coding *кодирование с предсказанием*
preemptive allocation *резервное распределение (памяти)*
preemptive scheduling *резервное расписание*
preference *предпочтение*
preferential *льготный, предпочтительный*
preferred numbers *предпочтительная нумерация*
prefix *префикс, приставка*
prefix notation *префиксная нотация*
prefix qualifier *префиксный квалификатор*
preload *предварительно загруженный*
preparation *подготовка, приготовление*
prepare (vb.) *подготавливать, приготавливать*
preprocessor *препроцессор*
preprogrammed *предварительно запрограммированный*
preread head *головка предварительного чтения*
presentation *воспроизведение, представление*
presentation graphics *графическое представление*
presentation layer *уровень представления*
preset *заданный, предварительно установленный*
preset potentiometer [el.] *предварительно установленный потенциометр*
preset resistor [el.] *предварительно установленный резистор*
press (vb.) *давить, нажимать, прижимать*
press down (vb.) *нажимать (клавишу)*
prestore (vb.) *предварительно запомнить*
presumptive instruction *предполагаемая инструкция*
prevent (vb.) *предотвращать*
preventive maintenance (PM) *профилактическое обслуживание*
price *цена*
price list *прейскурант*
price look up system (PLUS) *справочная система по ценам*
price tag *ценовой ярлык*
pricing *расчет стоимости*
primary failure *основное повреждение*
primary file *исходный файл*
primary function *исходная функция*
primary key *основная клавиша*
primary store *основное запоминающее устройство*
primary window *исходное окно*
prime number *главный номер*
primitive *базисный элемент, примитив*
principal *администратор доступа к системе*
principle *принцип*
print *отпечаток, оттиск, печать, распечатка*
print (vb.) *печатать, распечатывать*
print assembly *печатный узел*
print ball [type.] *печатающий шарик*
print box *печатающая коробка*
print command *команда печати*
print control character *символ контроля печати*
print controller *контроллер печати*
print density *плотность печати*

printed board   [el.] *печатная плата*

printed board assembly   [el.] *печатная плата в сборе*

printed board connector   [el.] *соединитель печатной платы*

printed circuit   *печатная схема*

printed circuit board (PCB)   [el.] *печатная плата*

printed circuit board (PC board)   *печатная плата*

printed circuit board layout   *топология печатной платы*

printed form   *печатная форма*

printed-wiring assembly   [el.] *узел печатной электропроводки*

printed-wiring board   *плата печатной электропроводки*

printer   *печатающее устройство, принтер*

printer buffer   *буфер печатающего устройства*

printer connection   *связь с печатающим устройством*

printer driver   *драйвер печатающего устройства*

printer file   *принтерный файл*

printer ribbon   [typc.] *лента для печатающего устройства*

printer speed   *скорость печати*

print format   *формат печати*

print head   *печатающая головка*

printing   *печать, распечатка*

printing needle   *иголка печатной головки*

printing out   *распечатывание*

printing speed   *скорость распечатки*

printing unit   [graph.] *модуль печати*

printing wheel   *печатающий механизм*

print line length   *длина печатной линии*

print method   *метод печати*

printout   *распечатка*

print out (vb.)   *распечатывать*

print position   *позиция печати*

print quality   *качество печати*

print queue   *очередь на печать*

print server   *устройство обслуживания печати*

printshop   *копировально-множительная служба (в учреждении)*

print speed   *скорость печати*

print spooler   *система буферизации, позволяющая печатать в фоновом режиме*

print-through effect   *эффект непрерывной печати*

print wheel   *печатающий механизм*

priority   *приоритет*

priority interrupt controller   *контроллер приоритетных прерываний*

priority processing   *приоритетная обработка*

privacy of data   *секретность данных*

private automatic branch exchange (PABX)   *учрежденческая АТС без входящей и исходящей связи*

privatization   *приватизация*

privileged command   *привилегированный оператор*

privileged information   *привилегированная информация*

privileged instruction   *привилегированная инструкция*

privileged mode   *привилегированный режим*

probability   *вероятность*

probability calculus [stat.] *вычисление вероятности*

probability curve [stat.] *кривая вероятности*

probability density function [stat.] *функция плотности вероятностей*

probability distribution [stat.] *распределение вероятностей*

probability limit [stat.] *предел вероятности*

probable *вероятный*

problem *задача, проблема*

problem description *описание проблемы*

problem-oriented language *проблемно-ориентированный язык*

problem solving *решение задачи*

problem solving guide *руководство по решению задач*

problem state *состояние проблемы*

procedural language *процедурный язык*

procedural programming *процедурное программирование*

procedure *процедура*

procedure call *вызов процедуры*

procedure for reset *процедура сброса*

procedure-oriented language *процедурно-ориентированный язык*

procedure prologue *пролог процедуры*

procedure protection mechanism *механизм процедурной защиты*

procedure specification *спецификация процедуры*

process *процесс*

process (vb.) *обрабатывать*

process chart *диаграмма процесса*

process computer *компьютер для контроля технологического процесса*

process control *управление (технологическим) процессом*

process data *данные обработки*

process data highway (PROWAY) *прямая обработка данных*

processing *обработка*

processing capacity *пропускная способность*

processing industry *обрабатывающая промышленность*

processing unit *обрабатывающий модуль*

processor *процессор*

process scheduler *диспетчер обработки (данных)*

process scheduling *планирование процессов*

process sequencing *упорядочение обработки (данных)*

process server *устройство обслуживания процессов*

produce (vb.) *порождать, производить, синтезировать*

producer *инициатор, производитель*

product *изделие;* [mat.] *произведение*

product definition *определение изделия*

product description *описание изделия*

product design *проектирование изделия*

product development *развитие изделия*

product identification *идентификация изделия*

production *продукция, производство*

production control *контроль продукции*

production costs *стоимость продукции*

production database *база данных на продукцию*

production planning and control *планирование и контроль производства*

production rule machine [log.] *машина порождающего вывода*

production sample   *рабочий образец*

production sequence   *производственная последовательность*

product labelling   *маркировка изделия*

product liability   *ответственность за изделие*

product liability insurance   *обязательное страхование изделия*

product protection   *защита изделия*

product testing   *тестирование изделия*

product verification   *проверка изделия*

professional knowledge   *профессиональные знания*

profile   *профиль, совокупность параметров*

program   *программа*

program (vb.)   *программировать*

program address counter   *счетчик программного адреса*

program chaining   *связывание программ*

program control   *программное управление*

program controlled interrupt (PCI)   *программно-управляемое прерывание*

program counter (PC)   *программный счетчик*

program development time   *время развития программы*

program error   *программная ошибка*

program generator   *генератор программ*

program library   *библиотека программ*

programmability   *программируемость*

programmable   *программируемый*

programmable array logic (PAL)   [el.] *программируемая логическая матрица*

programmable function key   *программируемая функциональная клавиша*

programmable logic array (PLA)   *программируемая логическая матрица*

programmable logic controller (PLC)   *программируемый логический контроллер*

programmable read-only memory (PROM)   *программируемое постоянное запоминающее устройство*

programmable storage   *программируемое устройство хранения*

programmable terminal   *программируемый терминал*

programmable timer   *программируемый таймер*

program maintenance   *программная поддержка*

programmed control   *программируемое управление*

programmed dump   *программируемый дамп*

programmed inquiry learning or teaching (PILOT)   *интерактивная система обучения*

programmed instruction   *программная инструкция*

programmed learning   *программное учение*

programmed teaching   *программное обучение*

programmed terminal   *программируемый терминал*

programmer   *программист*

programmer-defined macro   *макрокоманда, определенная программистом*

programmer manual   *руководство программиста*

programming   *программирование*

programming card   *карта программирования*

programming language   *язык программирования*

programming panel   *плата программирования*

programming support environment   *среда поддержки программирования*

programming system   *система программирования*
program module   *программный модуль*
program package   *пакет программ*
program portability   *мобильность программы*
program production time   *время производства программы*
program register   *программный регистр*
program release   *версия программы*
program run   *запуск программы*
program section   *программная секция*
program selector   *программный селектор*
program-sensitive fault   *программно-чувствительная ошибка*
program signal   *программный сигнал*
program statement   *оператор программы*
program status (PS)   *статус программы*
program storage   *устройство хранения программ*
program structure   *структура программы*
program temporary fix (PTF)   *временное местоположение программы*
program test   *программный тест*
program test time   *время выполнения программного теста*
program unit   *программный модуль*
progression   *движение вперед;* [mat.] *прогрессия*
project   *проект*
project control   *управление проектом*
projection   *проектирование, проекция*
projection system   *система проектирования*
project management   *управление проектом*
project management system   *система управления проектом*
project manager   *менеджер проекта*
project work   *плановая работа*
PROM (programmable read-only memory)   *программируемое постоянное запоминающее устройство*
PROM circuit   *схема постоянной программируемой памяти*
PROM programmer   *программатор для программирования постоянной памяти*
prompt   *подсказка, приглашение*
prompt (vb.)   *подсказывать*
prompt character   *символ подсказки, символ приглашения*
prompt message   *подсказка в виде сообщения, приглашение в виде сообщения*
proof total   *контрольная сумма 'второго уровня'(для проверки контрольных сумм)*
propagation   *прохождение, распространение*
propagation delay   *задержка распространения*
proper ancestor   *прямой предок*
property   *свойство*
proportion   *отношение, пропорция*
proportional   *пропорциональный*
proportional spacing   *пропорциональное расстояние;*
   [graph.] *пропорциональный промежуток*
proposed feature   *предполагаемая особенность*
propositional logic   *логика высказываний*

proprietary   *запатентованный*
proprietary article   *фирменное изделие*
proprietary software   *собственное программное обеспечение*
prospect   *перспектива, проспект*
protect (vb.)   *защищать*
protected   *защищенный*
protected field   *защищенное поле (записи)*
protected location   *защищенный участок*
protected memory   *защищенная память*
protected mode   *защищенный режим*
protected storage   *запоминающее устройство с защитой*
protect feature   *признак защиты*
protection   *защита*
protection of data privacy   *защита секретных данных*
protective envelope   *защитный конверт*
protocol   *протокол*
protocol converter   *преобразователь, работающий по (какому-либо) протоколу*
protocol layer   *уровень протокола*
protocol stack   *пакет протокола*
prototype   *прообраз, прототип*
prototyping   *макетирование* -
protraction   *замедление*
protractor   [mat.] *транспортир*
prove (vb.)   *доказывать*
provide (vb.)   *обеспечивать, снабжать*
proving   *доказательство, проверка*
proving time   *время проверки*
PROWAY (process data highway)   *прямая обработка данных*
PS (program status)   *статус программы*
PSE (packet switching exchange)   *пункт коммутации пакетов*
pseudobinary   [mat.] *псевдодвоичный*
pseudocode   *псевдокод*
pseudodisk   *псевдодиск*
pseudorandom number   [mat.] *псевдослучайное число*
pseudorandom sequence   *псевдослучайная последовательность*
pseudoscalar   [mat.] *псевдоскаляр*
PSPDN (Packet Switched Public Data Network)   *общественная сеть с коммутацией пакетов данных*
PSTN (Public Switched Telephone Network)   *общественная телефонная сеть*
PTF (program temporary fix)   *временное местоположение программы*
public   *общественный, публичный*
public administration   *общественная администрация*
publication   *издание, публикация*
public authority   *общественные полномочия*
public current   *общий ток*
public domain   *общественное владение*
public domain software   *бесплатное программное обеспечение*
public information   *общая информация*
publicity   *реклама*

public key cryptosystem   *криптосистема с ключом общего пользования*
public packet network   *общественная сеть пакетной передачи данных*
Public Switched Telephone Network (PSTN)   *общественная*
   телефонная сеть
publish (vb.)   *издавать*
publisher   *издатель*
pull (vb.)   *выталкивать (из стека)*
pull-down   *опускающееся (меню)*
pull-down menu   *опускающееся меню*
pull-up resistor   *нагрузочный резистор*
pulse   *импульс;* [el.] *пульсация*
pulse code modulation (PCM)   *кодово-импульсная модуляция*
pulse control   [el.] *импульсное управление*
pulse duration   [el.] *продолжительность импульса*
pulse frequency   *частота импульсов*
pulse rate   *темп импульсов*
punch(ed) card   *перфокарта*
punch card   *перфокарта*
punched card reader   *перфокарточный считыватель*
punctual   *аккуратный, пунктуальный*
punctuation   *пунктуация*
pure   *чистый*
pure binary numeration system   *'чистая' двоичная система счисления*
pure notation   *'чистая' система обозначений*
purge (vb.)   *очищать, чистить*
purpose-built   *специального назначения*
purpose-made   *специального назначения*
push   *вталкивать, помещать (в стек)*
push button   *нажимная кнопка*
push-button switch   [el.] *кнопочный переключатель*
pushdown list   *список магазинного типа*
pushdown queue   *очередь магазинного типа*
pushdown store   *магазинное запоминающее устройство*
push-pull circuit   [el.] *пушпульная схема*
push switch   [el.] *нажимной переключатель*
push-up list   *список обратного магазинного типа*
push-up queue   *очередь обратного магазинного типа*
PVC (permanent virtual circuit)   *постоянный виртуальный канал*
pyramid of numbers   *пирамида чисел*

Q

quad-density disk *гибкий диск для записи с учетверенной плотностью*
quadratic equation [mat.] *квадратное уравнение*
quadratic mean [stat.] *среднеквадратичное*
quadratic programming *квадратное программирование*
quadrature *квадратура*
quadric equation [mat.] *квадратное уравнение*
quadrinomial [mat.] *четырехчлен*
quadripole *четырехполюсник*
qualifier *квалификатор, описатель*
qualifying symbol *указательный символ*
quality *качество, свойство*
quality control *контроль качества*
quality print *качественная печать*
quality printer [type.] *качественное печатающее устройство*
quantification [mat.] *квантификация*
quantify (vb.) *определять количество*
quantile [stat.] *квантиль*
quantity *величина;* [mat.] *параметр*
quantization [telecom.] *квантование*
quantize (vb.) *квантовать, разбивать на подгруппы*
quantor [mat.] *квантор*
quantum *шаг квантования*
quartile [stat.] *квартиль*
query *вопрос, запрос*
query by content *запрос по содержанию (в базах данных)*
query by example *запрос на примере (в базах данных)*
query by form *запрос по форме (в базах данных)*
query formulation *формулировка запроса*
query language *язык запросов*
query processing *обработка запросов*
question *вопрос*
question mark [graph.] *вопросительный знак*
queue *очередность, очередь*
queued access method *метод доступа с очередями*
queue management *управление очередью*
queue message *очередное сообщение*
queuing theory *теория массового обслуживания*
quickersort *убыстренная сортировка*
quicksort *быстрая сортировка*
quiesce (vb.) *переводить в пассивное состояние;* [prof.] *замораживать*
quit (vb.) *выходить*
quotation mark *маркер цитаты*
quoted string *строка в кавычках;* [prof.] *строковая константа*
quotes *кавычки*
quotient [mat.] *отношение, частное*
qwerty keyboard *стандартная американская клавиатура*

R

race   *гонки, состязание*

race condition   [el.] *условие 'гонок'*

rack   *стенд, стойка;* [el.] *блок, шасси*

racking   *шаговая прокрутка*

rack mounting   [el.] *установленный в стойку*

radial chart recorder   *устройство для построения радиальных диаграмм*

radial density   *радиальная плотность*

radian   [mat.] *радиан*

radiation   *излучение, радиация*

radiation danger   *радиационная опасность*

radiation dose   *радиационная доза*

radiation hazard   *радиационный риск*

radiation intensity   *интенсивность излучения*

radiation shield   *радиационная защита*

radiation source   *источник радиации*

radical   [mat.] *корень, радикал*

radical axis   *основная ось*

radical sign   [mat.] *знак корня*

radicand   [mat.] *подкоренное выражение*

radio   *радио*

radio broadcast   *радиовещание*

radio button   *радиокнопка (в WINDOWS)*

radio frequency (RF)   *радиочастота*

radius   *радиус*

radix   *основание логарифмов, основание системы счисления;* [mat.] *корень;* [stat.] *основной объем выборки*

radix complement   *точное дополнение*

radix exchange   *поразрядный обмен*

radix-minus-one complement   *поразрядное дополнение*

radix notation   *позиционное представление числа*

radix point   *точка в позиционной системе счисления*

radix sorting   *поразрядная сортировка*

ragged right   *невыравненный справа (текст)*

raise to the second power (vb.)   [mat.] *возводить в квадрат*

RAM (random access memory)   *оперативная память, память с произвольной выборкой*

RAM circuit   *схема памяти с произвольным доступом*

RAM disk   *псевдодиск*

ramp   [el.] *пилообразный сигнал*

RAM resident program   *резидентная программа*

random   *нерегулярный, произвольный, случайный*

random access   *произвольная выборка, произвольный доступ*

random access auxiliary storage   *вспомогательное запоминающее устройство с произвольной выборкой*

random access device   *устройство с произвольной выборкой*

random access file   *файл с произвольной выборкой*

random access memory (RAM)   *оперативная память, память с произвольной выборкой*

random access storage   *запоминающее устройство с произвольной выборкой*

random check   *произвольная проверка*
random distribution   *случайное распределение*
random file   *произвольный файл*
randomization   *перемешивание, рандомизация*
random logic   *нерегулярная логика, произвольная логика*
random number   *случайное число*
random number generator   *генератор случайных чисел*
random organization   *нерегулярная организация*
random sample   *случайная выборка*
random sample check   *проверка случайной выборки*
random sampling   *случайная выборка*
random test   *произвольное тестирование*
random variable   *случайная переменная*
range   *амплитуда, диапазон, интервал, область*
rank   *ранг*
rank (vb.)   *располагать в определенном порядке*
rank correlation   *ранговая корреляция*
ranking   *ранжирование*
rank order   *порядок по рангу*
rapid memory   *быстрая память*
rapid store   *быстрое запоминающее устройство*
RAS (reliability, availability, serviceability) (US)
        надежность, работоспособность, удобство эксплуатации
raster   *растр*
raster burn   [tv] *программирование растра*
raster display   *растровый дисплей*
raster graphic display device   *растровый графический дисплей*
raster graphics   *растровая графика*
raster image   *растровое изображение*
raster image processor (RIP)   *процессор растрового изображения*
rasterization of vectors   *'растеризация' (преобразование изображения из*
        векторного в растровое)
raster line   *растровая линия*
raster picture   *растровая картинка*
raster plotter   *растровый плоттер*
raster scan   *растровое сканирование*
rate   *коэффициент, оценка, скорость, степень*
rated (adj.)   *номинальный, расчетный*
rated life   *расчетная жизнь*
rated total storage volume   *расчетный общий объем запоминающего*
        устройства
rating   *номинальное значение, расчетная величина*
ratio   [mat.] *отношение, пропорция*
rationalization   *рационализация*
rational number   [mat.] *рациональное число*
raw data   *исходные данные, необработанные данные*
raw material   *исходный материал*
ray   *луч*
rayproof   *устойчивый к радиации*
ray tracing   *прослеживание луча*
reach   *простираться;* [prof.] *зона (АЛГОЛ)*

reach (vb.) *доставать, достигать*

reach a deadlock (vb.) *оказаться в тупиковой ситуации*

react (vb.) *реагировать*

reaction *реакция*

read (vb.) *считывать, читать*

readability *удобочитаемость*

read amplifier *усилитель считывания*

read cycle time *время цикла считывания*

reader *считыватель, считывающее устройство*

read error *ошибка чтения*

read head *головка считывания*

read in (vb.) *передавать*

reading *отсчет, считывание*

reading head *головка считывания*

reading in *передача*

reading mechanism *механизм для отсчета, механизм для считывания*

reading rate *темп считывания*

reading speed *скорость считывания*

reading spool *буфер чтения*

reading station *станция считывания*

read instruction *оператор считывания*

readjust (vb.) *переделывать*

readjustment *исправление, переделка*

read lock *блокировка чтения*

readme file *файл для чтения*

read-only *только для чтения*

read-only file *файл только для чтения*

read-only memory (ROM) *память только для чтения, постоянное запоминающее устройство*

read-only storage *постоянное запоминающее устройство*

read-only store *постоянное запоминающее устройство*

read out (vb.) *считывать*

read-out device *устройство для считывания*

read station *станция чтения*

read time *время считывания*

read/write *чтение/запись*

read/write head *универсальная головка*

read/write memory *оперативная память, память для чтения/записи*

ready for operation *готовый к работе*

ready for service *готовый к обслуживанию*

ready message *сообщение о готовности*

ready state *состояние готовности*

real *вещественный, действительный*

real address *истинный адрес*

real axis [mat.] *действительная ось*

reallocation *перераспределение*

realm *область*

real mode *реальный режим*

real number [mat.] *вещественное число*

realtime *(система) реального времени*

real time *реальное время*

real-time clock (RTC)   *датчик истинного времени*

realtime computer system   *компьютерная система реального времени*

realtime control   *управление в реальном масштабе времени*

realtime data processing   *обработка данных в реальном масштабе времени*

realtime input   *ввод в реальном масштабе времени*

realtime measurement   *измерение в реальном масштабе времени*

realtime operation   *операция в реальном масштабе времени*

realtime output   *вывод в реальном масштабе времени*

realtime processing   *обработка в реальном масштабе времени*

realtime system   *система, работающая в реальном масштабе времени*

real value   *вещественная величина*

rearrange (vb.)   *переставлять, перестраивать, реконструировать*

rearrangement   *перестановка, перестройка, реконструкция*

reasonable   *разумный*

reasonableness check   *контроль на приемлемость*

reasonableness test   *тест на приемлемость*

rebound   *отдача*

recall (vb.)   *восстанавливать (в памяти), напоминать, повторять вызов*

receipt   *получение, прием*

receive (vb.)   *принимать*

receive only terminal (RO terminal)   *терминал только для приема*

receiver   *приемник*

receive/transmit   *прием/передача*

reception   *прием*

reception mode   *режим приема*

recipient   *приемник*

reciprocal   *обратная величина*

reciprocally proportional (adj.)   *обратно пропорциональный*

reciprocal number   *обратное число*

reciprocity   *взаимодействие, обратимость*

reciprocity technique   *техника взаимодействия*

reckon (vb.)   *подсчитывать, считать*

reclaiming   *восстановление*

reclassification   *реклассификация*

recognition   *распознавание*

recognize (vb.)   *распознавать*

recognizer   *устройство распознавания*

recombination   *рекомбинация*

recommend (vb.)   *рекомендовать*

recommendation   *рекомендация*

recommended   *рекомендованный*

recompile (vb.)   *перекомпилировать, перетранслировать*

recondition (vb.)   *переоборудовать*

reconditioning   *переоборудование*

reconfiguration   *реконфигурация*

reconstruct (vb.)   *восстанавливать, реконструировать*

reconstruction   *реконструкция*

recopy (vb.)   *перекопировать*

record   *запись, регистрация*

record (vb.)   *записывать, регистрировать*

record density   *плотность записи*

record gap   *промежуток между записями*

record head   *головка записи*

recording attachment   *записывающее приспособление*

recording density   *плотность записи*

recording device   *устройство для записи*

recording room   *комната для записи*

record layout   *компоновка записи, формат записи*

record length   *длина записи*

record separator character   *символ разделения записей*

record size   *размер записи*

recover (vb.)   *возвращать, восстанавливать*

recoverable error   *исправимая ошибка*

recovery   *возврат, восстановление*

recovery procedure   *процедура возврата, процедура восстановления*

recovery time   *время восстановления*

recreate (vb.)   *воссоздавать*

rectangular   *прямоугольный*

rectangular coordinates   *прямоугольные координаты*

rectifier   *выпрямитель*

rectify (vb.)   *выпрямлять, детектировать, исправлять*

rectilinear   *прямолинейный*

recto page   [graph.]   *правая страница*

recurrence   *рекуррентное соотношение*

recurring (adj.)   *периодический*

recurring decimal   [mat.]   *десятичная периодическая дробь*

recursion   [mat.]   *рекурсия*

recursive function   *рекурсивная функция*

recursive relation   *рекурсивное отношение*

recursive routine   *рекурсивная процедура*

recursive set   *рекурсивное множество*

recycling (adj.)   *повторно используемый*

redact (vb.)   *компоновать входные данные*

redeclaration   *повторное описание*

redefine   *переопределение*

redesign (vb.)   *перепроектирование*

red-green-blue monitor (RGB monitor)   *цветной монитор*

redirection   [telekom.]   *переадресация*

redisplay (vb.)   *обновить изображение*

reduce (vb.)   *сокращать, уменьшать*

reduced instruction set computer (RISC)   *компьютер с сокращенным
      набором инструкций*

reducer   *редуктор*

reduction   *снижение, сокращение, уменьшение*

redundancy   *избыточность*

redundancy check   *проверка избыточным кодом*

redundancy group   [mat.]   *избыточная группа*

redundant   *зарезервированный, избыточный, резервный*

redundant information   *избыточная информация*

re-edit (vb.)   *повторно редактировать*

reel   *бобина, рулон*

reel (vb.)   *наматывать*

reentrant (adj.) *повторно входимый*

reentrant code *повторно входимый код*

re-entry point *точка перезапуска*

reexecution *повторное выполнение*

refer (vb.) *посылать*

reference *сноска, ссылка, эталонный*

reference address *адрес ссылки*

reference arrow *стрелка указателя*

reference black level [tv] *уровень черного*

reference book *справочник*

reference guide *справочное руководство*

reference language *эталонный язык*

reference line *линия отсчета, ось координат*

reference manual *справочное руководство*

reference table *таблица ссылок*

reference value *эталонная величина*

reference word *справочное слово*

reflect (vb.) *отражать*

reflectance *отражательная способность*

reflected binary code [mat.] *отраженный двоичный код*

reflected ray *отраженный луч*

reflecting power *отраженная энергия*

reflection *отражение*

reflective *рефлективный*

reflector [el.] *отражатель, рефлектор*

reformat (vb.) *переформатировать*

reformatting *переформатирование*

refresh (vb.) *восстанавливать, обновлять, регенерировать*

refresh display *дисплей с регенерацией*

refresh operation *операция восстановления*

refresh rate *частота регенерации*

regenerate (vb.) *регенерировать*

regeneration *восстановление*

regeneration matrix *матрица восстановления*

regenerative *регенеративный*

regenerative store *регенеративное запоминающее устройство*

region *область*

region of a program *область программы*

register *регистр*

register (vb.) *регистрировать, совмещать*

registered trademark *зарегистрированная торговая марка*

registering apparatus *регистрирующий аппарат*

registering instrument *регистрирующий инструмент*

register length *длина регистра*

register reading *чтение регистра*

registration *регистрация*

reglet [graph.] *реглет*

regrade (vb.) *пересортировать*

regroup (vb.) *перегруппировать*

regular expression *регулярное выражение*

regular priority *регулярный приоритет*

regulate (vb.) *приспосабливать, регулировать*

regulation *регулирование, стабилизация*

reject (vb.) *отвергать, отказывать*

relation *зависимость, отношение, соотношение*

relational database *реляционная база данных*

relational database engine *машина для управления реляционной базой данных*

relational database machine *машина для управления реляционной базой данных*

relational language *реляционный язык*

relational model *реляционная модель*

relational operator *оператор отношения*

relational symbol *символ отношения*

relative *относительный*

relative address *относительная адресация*

relative coding *относительное кодирование*

relative density *относительная плотность*

relative error *относительная ошибка*

relative frequency *относительная частота*

relative programming *относительное программирование*

relay *реле*

relay (vb.) *передавать*

release *версия, освобождение, отпускание, разблокировка, разъединение*

release (vb.) *разъединять*

release version *выпущенная версия*

reliability *надежность*

reliability, availability, serviceability (RAS) (US) *надежность, работоспособность, удобство эксплуатации*

reliable *надежный*

reliable system *надежная система*

reload (vb.) *перезагружать*

reloading mechanism *механизм перезагрузки*

relocatable (adj.) *перемещаемый*

relocatable address *перемещаемый адрес*

relocatable machine code *перемещаемый машинный код*

relocatable program *перемещаемая программа*

relocatable program loader *загрузчик перемещаемой программы*

relocate (vb.) *перемещать, перераспределять*

relocation *перемещение, перераспределение*

relocation record *перемещение записи*

remainder *остаток (от деления)*

remanence *остаточная намагниченность*

re-map (vb.) *перепланировать*

remark *комментарий*

remedial maintenance *ремонтное обслуживание*

reminder *напоминание*

remote *дистанционный, удаленный*

remote access computing system *компьютерная система с удаленным доступом*

remote batch data entry *удаленный пакетный ввод данных*

remote batch data input *удаленный пакетный ввод данных*

remote batch processing *удаленная пакетная обработка*

remote batch terminal *дистанционный групповой терминал*

remote computer *удаленный компьютер*

remote computing *дистанционные вычисления*

remote console *удаленная консоль*

remote control *дистанционное управление*

remote control system *система дистанционного управления*

remote control unit *модуль дистанционного управления*

remote data processing *дистанционная обработка данных*

remote job entry (RJE) *дистанционный ввод заданий*

remote job entry terminal *терминал для дистанционного ввода заданий*

remote job input *дистанционный ввод заданий*

remote node *удаленный узел (сети)*

remote procedure call (RPC) *дистанционный вызов процедуры*

remote system reset *дистанционный сброс системы*

remote terminal *удаленный терминал*

remote transaction *дистанционная обработка запроса*

removable disk *сменный диск*

removable program panel *сменная программная панель*

remove the bracket (vb.) [mat.] *раскрыть скобки*

rename (vb.) *переименовывать*

rename document (vb.) *переименовывать документ*

renaming declaration *объявление переименования*

rendering [graph.] *визуализация (предметов)*

render possible (vb.) *делать возможным, позволять*

renewal *возобновление, восстановление*

reorder (vb.) *переупорядочивать*

reorganization *реорганизация*

repair(s) *ремонт*

repair costs *стоимость ремонта*

repair manual *руководство по ремонту*

repair part *запасная часть (деталь)*

repeat (vb.) *повторять*

repeater *повторитель;* [mat.] *непрерывная дробь*

repeating decimal [mat.] *периодическая десятичная дробь*

repeating field *непрерывное поле*

repeating group *непрерывная группа*

repeat instruction *инструкция повторения*

repeat key *клавиша повторения*

repetition *повторение*

repetition character *символ повторения*

repetition instruction *инструкция повторения*

repetitive *периодический, повторенный*

repetitive addressing *повторенная адресация*

repetitive error *периодическая ошибка*

replace (vb.) *заменять, замещать*

replaceable *заменяемый*

replacement *замена, замещение*

replacement part *заменяемая часть*

replace mode *режим замены*

replica *точная копия*

replicate (vb.) *копировать, повторять*

reply *ответ*

reply (vb.) *отвечать*

report *отчет, сообщение*

report (vb.) *сообщать, уведомлять*

report generation *генерация сообщения*

report generator *генератор сообщений*

report program generator (RPG) *программный генератор сообщений*

report writer *устройство, пишущее сообщения*

repository *информационный архив*

represent (vb.) *изображать, представлять*

representation *представление, способ задания*

representative *представительный, характерный*

representative calculating time *характерное время вычислений*

represent graphically (vb.) *изображать графически*

reproduce (vb.) *воспроизводить*

reproducer *дубликатор, устройство точного копирования*

reproduction [graph.] *репродукция*

reprogrammable *перепрограммируемый*

reprographics *репрография*

request *запрос, требование*

request (vb.) *запрашивать, требовать*

request block *блок запроса*

request input mode *режим ввода по запросу*

request packet *пакет запросов*

request to send (RTS) *запрос на посылку*

requeue *повторно ставить в очередь*

required parameter *обязательный параметр*

requirement *требование*

requirements specification *техническое задание*

rereel (vb.) *перематывать*

rerun *перезапуск*

rerun (vb.) *перезапускать*

rerun point *точка перезапуска*

rerun time *время перезапуска*

rescue dump *страховочный дамп*

rescue point *критическая точка*

reserve *резерв*

reserve (vb.) *резервировать*

reserve capacity *резервный объем*

reserved word *зарезервированное слово*

reserve power supply *резервный источник питания*

reset *возврат в исходное состояние, восстановление, сброс*

reset (vb.) *восстанавливать, сбрасывать*

reset button *кнопка сброса*

reset circuit *установка схемы в исходное состояние*

reset counter *сброс счетчика*

reset key *клавиша сброса*

reset pulse *импульс сброса*

reset time *время восстановления*

resetting *восстановление, сбрасывание*

resetting counter *сбрасываемый счетчик*

resetting device *устройство со сбросом*

resetting key [type.] *клавиша сброса*

reshape (vb.) *восстанавливать форму, формировать*

resident *резидент, резидентная часть программы*

resident program *резидентная программа*

resident software *резидентная программа*

residual error *остаточная ошибка*

residual error rate *коэффициент остаточных ошибок*

residual image [tv] *остаточное изображение*

residue [mat.] *остаток*

residue check *остаточная проверка*

residuum [mat.] *невыясненная ошибка*

resilience *устойчивость к внешним возмущениям, эластичность*

resist (vb.) *сопротивляться*

resistance *сопротивление*

resistant to wear (adj.) *стойкий к износу*

resistive reverse current [micro.] *активный обратный ток*

resistor *резистор*

resolution *разрешающая способность, разрешение*

resolution chart [tv] *диаграмма для определения разрешающей способности*

resolution wedge [tv] *клин разрешения*

resource *ресурс*

resource allocation *предоставление ресурса, распределение ресурсов*

resource-demanding *неэкономичный, ресурсоемкий*

resource management *управление ресурсами*

resource scheduling *расписание ресурсов*

resource sharing *разделение ресурсов*

resource sharing network *сеть с разделением ресурсов*

respond (vb.) *отвечать, отзываться*

response *отклик, характеристика, чувствительность*

response duration *продолжительность отклика*

response time *время ответа, время отклика, время реакции*

restart *перезапуск, повторный запуск*

restart (vb.) *перезапускать, повторно запускать*

restart condition *условие перезапуска*

restart instruction *инструкция перезапуска*

restart point *точка перезапуска*

restoration *восстановление*

restore (vb.) *возвращать, восстанавливать, реставрировать*

re-store (vb.) *переписать в память заново*

restricted data *защищенные данные*

restricted function *ограниченная функция*

restricted type *ограниченный тип*

restructuring *перестройка структуры*

result *исход, результат*

retard (vb.) *замедлять*

retention *сохранение, членство (в сетевых базах данных)*

retentive memory *сохраняющая память*

retiming *восстановление синхронизации*

retraining *подстройка*

retransmission *повторная передача*

retrieval *поиск*

retrieval language *язык поиска*

retrieval system *поисковая система*

retrieve (vb.) *отыскивать*

retrofit (vb.) *настраивать, подгонять*

retrograde (adj.) *устаревший*

retrospective search *ретроспективный поиск*

retrospective study *ретроспективное изучение*

retry *повторение*

retry (vb.) *повторять*

return *возврат, возвращение, отдача*

return (vb.) *возвращать, отдавать*

return address *адрес возврата*

return channel *канал возврата*

return code *код возврата*

return control *контроль возврата*

return key *клавиша возврата*

return-to-zero recording *запись с возвращением к нулю*

retype (vb.) *перепечатывать*

reusability *возможность многократного использования*

reversal *изменение направления на обратное, реверсирование*

reversal of an entry *реверсирование входа*

reverse (adj.) *негативный, обратный*

reverse bias *обратное смещение*

reverse diagonal *обратная диагональ*

reversed image *негативный образ*

reverse engineering *копирование (образцов приборов)*

reverse linefeed *обратный перевод строки*

reversely compatible *совместимый снизу*

reverse Polish notation *обратная польская запись*

reverse screen *негативный экран*

reverse slant *обратный наклон*

reverse solidus *обратный солидус*

reverse video *негативное видеоизображение*

reverse video bar *полоса негативного видеоизображения*

reverse video display *дисплей с негативным видеоизображением*

reverse video key *клавиша включения негативного изображения*

reversible counter *реверсивный счетчик*

revise (vb.) *исправлять, пересматривать*

revision *пересмотр, ревизия*

rewind *обратная перемотка*

rewind (vb.) *перематывать*

rewinder *устройство для перемотки*

rewinding *перемотка*

rewinding machine *машина для перемотки*

rewrite *перезапись*

rewrite (vb.) *перезаписывать, перерегистрировать*

RF (radio frequency) *радиочастота*

RF shielding *радиочастотная защита*

RGB monitor (red-green-blue monitor) *цветной монитор*

ribbon   *лента*

ribbon cable   *ленточный кабель*

ribbon cartridge   [type.] *ленточный картридж*

right adjust (vb.)   *выравнивать по правому краю*

right align (vb.)   *выравнивать по правому краю*

right arrow key   *клавиша правой стрелки*

right-hand margin   *правый край (страницы)*

right-hand page   [graph.] *правая страница*

right justify (vb.)   *выравнивать по правому краю*

right margin   *правое поле*

right of use   *право на использование*

right proportion   *верная пропорция*

ring counter   *кольцевой счетчик*

ring network   *кольцевая сеть*

RIP (raster image processor)   *процессор растрового изображения*

RISC (reduced instruction set computer)   *компьютер с сокращенным
    набором инструкций*

rise   *нарастание*

rise (vb.)   *нарастать*

rise time   [el.] *время нарастания*

rising   *нарастающий*

risk   *риск*

risk (vb.)   *рисковать*

risk analysis   *анализ риска*

RJE (remote job entry)   *дистанционный ввод заданий*

RMS value (root mean square value)   [mat.] *величина корня из квадрата
    среднего*

robot   *робот*

robotics   *робототехника*

roll   *валик, ролик, рулон*

roll (vb.)   *вращаться, прокручивать*

roll back (vb.)   *прокручивать назад*

roll-back   *обратная перемотка*

roller   *валик, ролик*

roll forward (vb.)   *прокручивать вперед*

roll-forward   *перемотка вперед*

roll in (vb.)   *подкачивать (в память), принимать импульсы, свертывать
    (информацию в базах данных)*

roll-in   *подкачка*

roll out   *передавать импульсы*

roll out (vb.)   *откачивать (из памяти), развертывать (информацию в базах
    данных)*

roll-out   *откачка*

rollover keyboard   *клавиатура, допускающая одновременное нажатие
    нескольких клавиш*

roll up   *сдвиг строк (на экране монитора)*

ROM (read-only memory)   *память только для чтения, постоянное
    запоминающее устройство*

Roman numeral   *римская нотация*

ROM circuit   *схема постоянного запоминающего устройства*

room   *комната*

room temperature   *компатная температура*

root   [mat.] *корень*

root directory   *корневой каталог*

root mean square   [mat.] *корень из квадрата среднего*

root mean square value (RMS value)   [mat.] *величина корня из квадрата среднего*

root segment   *корневой сегмент*

rotation   *вращение*

rotational delay   *задержка вращения*

rotational latency   *время ожидания (появления нужного сектора на диске)*

rotation of a vector   [mat.] *вращение вектора*

RO terminal (receive only terminal)   *терминал только для приема*

rough average   *грубое среднее*

round   *округленный, цикл*

round (vb.)   *округлять*

round bracket   [graph.] *круглые скобки*

round down (vb.)   *округлять в меньшую сторону*

rounded   *округлый*

rounding   *округление*

rounding error   *ошибка округления*

round-the-clock operation   *круглосуточный процесс*

round up (vb.)   *округлять в большую сторону*

route   *маршрут, путь, тракт, трасса*

router   *программа прокладки маршрута, трассировщик*

routine   *алгоритм, подпрограмма*

routine check test   *программный тест проверки*

routine equipment   *программное оборудование*

routine maintenance   *программное сопровождение*

routine test   *тестовая процедура*

routing   *маршрутизация, назначение тракта (связи), проведение соединений, трассировка*

routing buffer   *буфер трассировки*

row   *ряд, строка*; [mat.] *точки на одной прямой*

row pitch   *шаг строки*

row total   *итог прохода (программы)*

rowwise   *построчный*

RPC (remote procedure call)   *дистанционный вызов процедуры*

RPG (report program generator)   *программный генератор сообщений*

RTC (real-time clock)   *датчик истинного времени*

RTS (request to send)   *запрос на посылку*

rubout   *стирание*

rub out (vb.)   *стирать*

rule   *правило*; [graph.] *масштаб*

rule interpreter   *интерпретатор правил*

rule of three   [mat.] *правило ветвления*

ruler line   *граничная линия (в текстовых процессорах)*

ruling of screen   *масштабирование экрана*

run   *ход*

run (vb.)   *выполнять, запускать, проходить*

runaway   *выход из-под контроля, отключение*

run time   *время исполнения*

run time linking   *связывание во время исполнения*
run time module   *исполнительный модуль*
run time system   *исполняющая система*
run time version   *рабочая версия*

s (second) [unit] *секунда*

SAA (systems application architecture) *архитектура прикладных систем*

SADT (structured analysis and design technique) *метод структурного анализа и проектирования*

safe *безопасный, надежный*

safe application *безопасное применение*

safe place *безопасное место, надежное место*

safety *безопасность, надежность*

safety cutout [cl.] *аварийный автоматический выключатель, аварийный предохранитель*

safety lock *аварийная блокировка*

safety switch *аварийный выключатель*

sale(s) *продажа*

saleable *ходкий (товар)*

sample *выборка, образец; [stat.] выборочная совокупность*

sample (vb.) *производить выборку*

sample data *выборочные данные*

sample program *пример программы*

sampler *квантизатор, устройство стробирования*

sampler disk *дисковый квантизатор*

sample taken at random *случайная выборка*

sampling *выбор дискретных данных, выборка, дискретизация, квантование, стробирование*

sampling rate *норма выборки*

sanitization *очистка (памяти)*

sanity *готовность к работе, исправность*

sanserif [graph.] *гротесковый шрифт*

sans serif [graph.] *гротесковый шрифт*

SAS (statistical analysis system) *система статистического анализа*

satellite broadcasting *спутниковая передача сообщений*

satellite computer *вспомогательная вычислительная машина*

satellite television [tv] *спутниковое телевидение*

satellite transmission *спутниковая передача данных*

satisfiability [log.] *выполнимость*

satisfiability problem *проблема выполнимости*

satisfy (vb.) *выполнять, удовлетворять*

saturation *насыщенность*

saturation of a transistor *насыщение транзистора*

save (vb.) *записывать, сохранять*

save command *команда записи, команда сохранения*

saving *сохранение*

sawtooth waveform *пилообразный сигнал*

SBC (single board computer) *одноплатный компьютер*

scalable font *скалярный шрифт*

scalar *блок умножения на константу, блок установки коэффициентов, скаляр*

scalar type *скалярный тип*

scalar variable [mat.] *скалярная переменная*

scale *масштаб, масштабная линейка, система счисления, шкала*

scale (vb.) *масштабировать*

scale modifier *модификатор шкалы*

scale-of-ten circuit [cl.] *десятичная схема*

scale-of-two circuit [cl.] *двоичная схема*

scaler [cl.] *делитель частоты, счетчик*

scaling circuit [cl.] *схема деления частоты, схема масштабирования*

scaling-down *деление на константу, линейное уменьшение*

scaling-up *линейное увеличение, умножение на константу*

scan *поиск, просмотр, сканирование*

scan (vb.) *просматривать, сканировать;* [tv] *развертывать*

scan angle *угол сканирования*

scan head *сканирующая головка*

scan line *строка развертки*

scan matrix *матрица сканирования*

scanner *сканер, устройство для сканирования*

scanning *обследование, поиск, просмотр, сканирование;* [tv] *развертывание*

scanning beam *сканирующий луч*

scanning density *плотность сканирования*

scanning element [tv] *элемент сканирования*

scanning field *поле сканирования*

scanning frequency *частота сканирования*

scanning line *линия сканирования*

scanning microscope *сканирующий микроскоп*

scanning pattern *сканируемый образ*

scanning rate *скорость сканирования*

scanning spot *сканирующее пятно*

scanning time *время сканирования*

scan rate *скорость сканирования*

scat *поверхностно-управляемый лавинный транзистор*

scatter *разброс*

scatter (vb.) *разбрасывать*

scatter diagram *диаграмма разброса*

scattered radiation [cl.] *рассеянное излучение*

scattering *рассеяние*

scatter plot *план разброса*

scavenging [prof.] *сбор мусора (соединение освобожденных участков динамической памяти)*

SCCS (source code control system) *система контроля исходного кода*

sceptron *септрон (устройство распознавания речевых сигналов)*

SCERT (systems and computers evaluation and review technique)
системные и компьютерные вычисления и технические оценки

schedule *график, расписание, таблица*

schedule (vb.) *планировать, распределять*

scheduler *программа-планировщик*

scheduling *планирование, распределение*

scheduling algorithm *алгоритм планирования, алгоритм распределения*

schema *схема*

scheme *схема*

scientific computing *применение ЭВМ для научных расчетов*

scientific notation *научная запись, научная нотация*

scissoring *разрезание;* [graph.] *отсечение*

scissors *ножницы*

scope *индикатор, контекст, область действия, осциллограф*

scope mode *экранный режим*

score *два десятка, метка, множество*

score (vb.) *делать отметку*

scrambled *зашифрованный*

scrambler *скремблер*

scrambling *кодирование, шифрование*

scratch area *рабочая область*

scratch file *рабочий файл*

scratchpad memory *сверхоперативная память*

scratchpad storage *сверхоперативная память*

scratchpad store *сверхоперативное хранение*

scratch tape *рабочая магнитная лента*

screen *экран; [iv] изображение на экране*

screen (vb.) *показывать на экране*

screen alignment *юстировка экрана*

screen angle *угол поворота растра*

screen background *экранный фон*

screen cable *экранированный кабель*

screen cleaner *очистка экрана*

screen copy *экранная копия*

screen definition *экранное определение*

screen density *экранная плотность*

screen dialog *экранный диалог*

screen dump *вывод содержимого памяти на экран*

screened cable *экранированный кабель*

screen editor *экранный редактор*

screen fineness *четкость экрана*

screen format *экранный формат*

screen generator *программа формирования экранных форм*

screen image *экранное изображение, экранный образ*

screen job *экранное задание*

screen line *линия экрана*

screen pointing *экранный указатель*

screen range *экранная область*

screen work *работа с экраном*

screw *винт, гайка*

screw (vb.) *привинчивать*

screwdriver *отвертка*

script *документ, оригинал; [graph.] подлинник, текстовой драйвер*

scroll *прокрутка*

scroll (vb.) *перемещать, прокручивать, просматривать*

scroll arrow *направление прокрутки*

scroll backward (vb.) *прокручивать обратно*

scroll bar *линейка прокрутки*

scroll forward (vb.) *прокручивать вперед*

scrolling *перемещение, прокрутка*

scrolling increment *шаг прокрутки*

scrolling text *прокручиваемый текст*

SCSI (small computer system interface) *малый компьютерный системный интерфейс*

SDH (synchronous digital hierarchy)   *синхронная цифровая иерархия*

SDL (specification and description language)   *язык описания технических требований*

SDLC (synchronous data link control)   *синхронное управление каналом передачи данных*

seal   *изоляция, уплотнение*

sealant   *уплотнитель*

sealing-in   *герметизация*

search   *перебор, поиск*

search (vb.)   *искать*

search and replace   *поиск и замена*

search cycle   *циклический поиск*

search equation   *уравнение поиска*

searching   *поиск*

search key   *клавиша поиска*

search process   *процесс поиска*

search profile   *набор параметров поиска*

search request   *запрос на поиск*

search strategy   *стратегия поиска*

search string   *строка поиска*

search time   *время поиска*

secant   [mat.] *пересекающий, секущий*

secant modulus   *коэффициент сечения*

second (s)   [unit] *секунда*

secondary   *вторичный*

secondary channel   *вторичный канал*

secondary index   *вторичный индекс*

secondary key   *вторичный ключ*

secondary storage   *внешняя память*

secondary store   *внешняя память*

second generation computer   *компьютер второго поколения*

second member of equation   [mat.] *второй член уравнения*

second order   [mat.] *второй порядок*

second order differential equation   [mat.] *дифференциальное уравнение второго порядка*

second power   [mat.] *вторая степень*

seconds counter   *подержанный компьютер*

second-source supplier   *поставщик через вторые руки*

secret   *секрет*

section   *сегмент, секция;* [graph.] *сечение*

section mark   [graph.] *метка сечения*

sector   *сектор*

sector coordination   *согласование секторов*

sector display   *секторный индикатор*

sector gap   *промежуток между секторами*

sector hole   *секторное отверстие (на дискете)*

sector interleave   *чередование секторов*

sector map   *карта секторов*

secure mode   *безопасный режим*

security   *защита*

seed   *кристалл-затравка, начальное число*

seek time *время поиска*

seepage *случайная утечка*

see-through (vb.) *видеть насквозь*

segment *сегмент*

segmental *сегментный*

segmentation *деление на сегменты, сегментация*

segmented *сегментный*

select (vb.) *выбирать, выделять, устанавливать связь*

selection *выбор, выделение, селекция*

selection cursor *курсор выбора*

selection field *поле выбора*

selection list *список выбора*

selection rectangle *прямоугольник выбора*

selection sort *сортировка методом выбора*

selective *выборочный*

selective calling *избирательный вызов*

selective ringing *избирательный вызов*

selectivity *избирательность*

selector *селектор*

selector channel *селекторный канал*

selector pen *селекторное перо*

select tree *дерево выбора*

self-acting *автоматический*

self-adapting computer *самонастраивающийся компьютер*

self-adjusting *самонастраивающийся*

self-adjustment *самонастройка*

self-checking code *код с обнаружением ошибок*

self-checking number *число с разрядами самоконтроля*

self-contained data base system *замкнутая система базы данных*

self-correcting (adj.) *самокорректирующийся*

self-service *самообслуживание*

self test *самотестирование*

selsyn *сельсин, синхронный повторитель*

semantics *семантика*

semaphore *семафор*

sememe *симема (семантическая единица)*

semicolon *точка с запятой*

semiconductor *полупроводник*

semiconductor memory *полупроводниковая память*

semiconductor storage *полупроводниковая память*

semigraphics *псевдографика*

semi-synchronous condition *условие полусинхронизации*

senary *шестеричный*

send (vb.) *отправлять, посылать*

sender *отправитель;* [el.] *источник*

sending end [telecom.] *передающая сторона*

sense *опознавание, считывание*

sense (vb.) *опознавать, считывать*

sense switch *программно-опрашиваемый (пультовый) переключатель*

sensor *датчик, чувствительный элемент*

sentence *оператор программы, предложение*

sentinel (US)   *сигнальная метка*

separate (vb.)   *отделять, разделять*

separate (adj.)   *отдельный, разъединенный*

separate operation   *операция разделения*

separating character   *разделительный символ*

separating layer   *разделительный уровень*

separation   *разделение, сепарация*

separation character   *разделитель символов*

separation layer   *разделитель уровня*

separator   *разделитель, разделительный знак*

septenary   *семеричный*

septendecimal   *семнадцатиричный*

septet   *септет (семиразрядный байт)*

sequence   *натуральный ряд чисел, порядок следования, последовательность*

sequence (vb.)   *упорядочивать*

sequence address   *последовательный адрес*

sequence check   *последовательная проверка*

sequence link   *последовательная связь*

sequence of numbers   *последовательность чисел*

sequencing   *планирование вычислительных процессов, упорядочение*

sequential (adj.)   *последовательный*

sequential access   *последовательный доступ*

sequential access storage   *память с последовательным доступом*

sequential colour system   [tv] *последовательная цветовая система*

sequential control   *последовательный контроль*

sequential file   *последовательный файл*

sequential scanning   *последовательное сканирование*

serial (adj.)   *порядковый, последовательный, серийный*

serial access   *последовательный доступ*

serial access store   *память с последовательным доступом*

serial bus   *последовательная шина*

serial input data line (SID)   *линия последовательного ввода данных*

serial interface   *последовательный интерфейс*

serialize (vb.)   *преобразовывать в последовательную форму*

serial line   *последовательная линия*

serial mouse   *мышь с последовательным интерфейсом*

serial number   *серийный номер*

serial output data line (SOD)   *линия последовательного вывода данных*

serial port   *последовательный порт*

serial printer   *принтер с последовательным интерфейсом*

serial production   *серийная продукция*

serial storage medium   *последовательный носитель данных*

serial transmission   *последовательная передача*

series   *ряд, серия, числовая последовательность*

series connection   [el.] *последовательное соединение*

series expansion   [mat.] *расширение числовой последовательности*

series manufacture   *серийное производство*

series-parallel connection   *последовательно-параллельное соединение*

series production   *серийная продукция*

series resistor   [el.] *последовательно включенный резистор*

series system   *последовательная система*

serif   [graph.]   *сериф*

serve (vb.)   *обслуживать*

server   *обслуживающее устройство, узел локальной сети*

server message block (SMB)   *блок служебных сообщений*

service   *ремонт, сервис, служба, услуги*

service, out of   *в нерабочем состоянии, не работающий*

service bit   *служебный бит*

service bureau   *бюро обслуживания*

service contract   *договор на обслуживание*

service enhancement   *расширение обслуживания*

service fee   *плата за обслуживание*

service industry   *индустрия обслуживания*

service instructions   *инструкция по эксплуатации*

service life   *долговечность, срок эксплуатации*

service program   *программа обслуживания*

service rendering enterprise   *предприятие по оказанию услуг*

service report   *служебное сообщение*

service requirement   *требование обслуживания*

service sector   *служебный сектор*

service test   *служебный тест*

service time   *время обслуживания*

service trial   *служебное испытание*

service volume   *рабочий объем*

servicing   *обслуживание*

session   *сеанс, сессия, сетевое соединение*

session layer   *уровень сеанса (в сетях передачи данных)*

session manager   *администратор сеанса*

set   *комплект, набор;* [mat.] *множество, последовательность*

set (vb.)   *монтировать, налаживать, устанавливать*

setback   *неудача*

set product   [mat.] *произведение ряда*

set pulse   *импульс возбуждения, импульс установки*

setting   *запуск, настройка, регулировка, установка*

set up (vb.)   *настраивать, устанавливать*

set-up   *монтаж, настройка, установка*

set-up time   *время монтажа*

sex changer   *переходник с разъема на разъем*

shading   [graph.] *обработка полутонов*

shadow   *тень*

shadow batch   *теневой пакет*

shadowing   *затемнение, экранирование*

shadow print   *теневая печать, фоновая печать*

shape   *форма*

shared (adj.)   *коллективный, разделенный, совместный*

shared file   *файл, используемый в режиме разделения*

shared memory   *общая память (в многозадачных ОС)*

shared resources   *разделяемые ресурсы*

shareware   *программные средства общего пользования*

sharp   *острый, отчетливый;* [graph.] *знак #*

sharp edge   *острое ребро*

sharpness   *резкость (изображения)*

sheet feeder   *устройство подачи листов*

shell   *командный процессор, оболочка*

shield   *защита, экран*

shield (vb.)   *экранировать*

shift   *сдвиг*

shift (vb.)   *сдвигать*

shift code   *код сдвига*

shift key   *клавиша сдвига;* [type.] *регистровая клавиша*

shift key lock   [type.] *блокировка регистровой клавиши*

shift lock   *блокировка сдвига*

shift lock key   *клавиша блокировки сдвига*

shift mode   *режим смещения*

shift register   *сдвиговый регистр*

shock   *потрясение*

short   *короткое замыкание*

shortcut (adj.)   *сокращенный*

shorten (vb.)   *укорачивать, укоротить*

shortening   *укорачивание*

short-haul modem   *модем ближней связи*

short-term memory   *кратковременная память*

short-term storage   *кратковременная память*

short to earth (UK)   [el.] *заземление*

short to ground (US)   [el.] *заземление*

show (vb.)   *показывать*

shunt   [el.] *шунт*

shunt (vb.)   [el.] *шунтировать*

shunt connection   *шунтирующее соединение*

shutdown   *выключение, остановка*

shut down (vb.)   *выключить, остановить*

shutdown system   *отключенная система*

SI (international system of units)   *международная система единиц (СИ)*

SID (serial input data line)   *линия последовательного ввода данных*

side   *сторона*

sideband   *боковая полоса*

sideways   *в сторону*

sign   *обозначение, признак;* [mat.] *знак*

signal   *сигнал*

signal (vb.)   *сигнализировать*

signal amplitude   *амплитуда сигнала*

signal condition   *состояние сигнала*

signal converter   *преобразователь сигнала*

signal distance   *дистанционный сигнал*

signalize (vb.)   *отмечать*

signal lamp   *сигнальная лампа*

signal level   *уровень сигнала*

signalling lamp   *сигнальная лампа*

signalling rate   *скорость передачи сигналов*

signal/noise ratio (S/N ratio)   [el.] *отношение сигнал-шум*

signal processing   *обработка сигнала*

signal regeneration   *восстановление сигнала*

signal reshaping   *формирование сигнала*

signal-to-noise ratio [el.] *отношение сигнал-шум*

signature *сигнатура*

sign bit *знаковый бит*

sign character *символ знака*

signed binary (adj.) *двоичный со знаком*

significance *значение*

significance of bit position *значимость бита*

significant *значащий, значимый*

significant digit *значащая цифра*

significant instant *важный момент*

sign of division [mat.] *знак деления*

sign of equation [mat.] *знак равенства*

sign off (vb.) *выходить из системы*

sign of integration [mat.] *знак интегрирования*

sign of punctuation [graph.] *знак пунктуации*

sign on (vb.) *входить в систему*

silent *бесшумный*

silicon *кремний*

silicon chip [micro.] *кремниевый кристалл*

silicon dioxide [micro.] *диоксид кремния*

silicon on sapphire (SOS) [micro.] *технология 'кремний на сапфире'*

SIMM (single inline memory module) *одноплатный модуль памяти*

simple *простой*

simple buffering *простая буферизация*

simple equation [mat.] *простое уравнение*

simple fraction [mat.] *простая дробь*

simple mail transfer protocol (SMTP) *простой протокол пересылки почты*

simple network management protocol (SNMP) *простой протокол управления сетью*

simple search *простой поиск*

simplex *симплекс, симплексный*

simplex channel [telecom.] *симплексный канал*

simplex communication [telecom.] *симплексная связь*

simplex mode *симплексный режим*

simplex transmission *симплексная передача*

simplified diagram *упрощенная схема*

simulate (vb.) *моделировать*

simulating equipment *оборудование для моделирования*

simulation *имитация, моделирование*

simulation analysis *имитационный анализ*

simulation game *имитационная игра*

simulation language *язык моделирования*

simulation model *имитационная модель*

simulator *модель*

simulator program *имитационная программа*

simultaneous (adj.) *одновременный*

simultaneous computer *компьютер с совмещением операций*

simultaneous factor *фактор одновременности*

simultaneous mode *совмещенный режим*

simultaneous operation *совмещенная операция*

simultaneous peripheral operations on-line (SPOOL) *одновременная операция с внешними устройствами*

simultaneous presence *одновременное присутствие*

simultaneous transmission *совмещенная передача*

simultaneous working *совместная работа*

sine *синус*

single board computer (SBC) *одноплатный компьютер*

single-current transmission [telecom.] *передача в одном направлении*

single density *одинарная плотность*

single-ended output *несимметричный выход*

single inline memory module (SIMM) *одноплатный модуль памяти*

single inline package (SIP) *корпус с однорядным расположением выводов*

single-precision arithmetics *арифметика одинарной точности*

single-purpose *единственная цель*

single quote *одинарная кавычка*

single sheet [graph.] *одинарная таблица*

single-sheet feeder [graph.] *устройство подачи непрерывного листа*

single-shot [el.] *одностабильный*

single-sided *односторонний*

single-step multivibrator [el.] *одноступенчатый мультивибратор*

single-step operation *одноступенчатая команда*

single-thread (adj.) *однозадачная (операционная система)*

single user computer *персональный компьютер*

single user operation *однопользовательская работа*

single-valued [mat.] *однозначный*

single-way rectifier [el.] *однополупериодный выпрямитель*

single word precision *точность в одно машинное слово*

single workstation *единичная рабочая станция*

sink [el.] *приемник*

sinusoidal *синусоидальный*

SIP (single inline package) *корпус с однорядным расположением выводов*

site *абонентский пункт, местоположение*

situation *ситуация*

SI unit *единица системы СИ*

size *размер*

size of paper *размер бумаги*

size reduction *уменьшение размера*

size setting *установка размера*

sizing [graph.] *оценка размера (в обработке изображения)*

skew *перекос, расфазировка*

skew (adj.) *косой, перекошенный*

skew error *ошибка расфазировки*

skip *предварительная команда, прогон (бумаги), пропуск*

skip (vb.) *игнорировать, пропускать*

skip distance *размер пропуска*

skip instruction *инструкция пропуска*

slab *часть слова (например, байт)*

slack time *резервное время*

slant [graph.] *косая черта (символ)*

slant letters *наклонные буквы*

slash [graph.] *косая черта*

slave computer *подчиненный компьютер*

slave operation *подчиненная команда*

slave station   *подчиненная станция*

slice   *вырезка (массива), кристалл, пластина, плата*

slider box   *выдвижной блок*

slip   *бланк, описка*

slit image   *изображение щели, световой штрих*

slot   *валентность, позиция, поле, участок, щелевое отверстие;* [el.] *слот*

small   *маленький, мелкий, незначительный*

small computer system interface (SCSI)   *малый компьютерный системный интерфейс*

small letters   *маленькие буквы*

small scale integration (SSI)   *малая степень интеграции*

smart   *интеллектуальный*

smart card   *интеллектуальная плата*

smart copier   *интеллектуальный копировщик*

smart terminal   *интеллектуальный терминал*

SMB (server message block)   *служебный блок сообщений*

SMD (surface mounted device)   *устройство, смонтированное на поверхности*

smooth (vb.)   *разглаживать, сглаживать*

SMTP (simple mail transfer protocol)   *простой протокол пересылки почты*

SNA (systems network architecture)   *сетевая архитектура систем*

snapshot   *кадр, моментальный снимок*

snapshot program   *программа выборочной динамической разгрузки*

SNI (system network interconnection)   *соединение системных сетей*

SNMP (simple network management protocol)   *простой протокол управления сетью*

S/N ratio (signal/noise ratio)   [el.] *отношение сигнал-шум*

socket   *гнездо*

socket adapter   *переходная панель*

socket outlet   *выходное гнездо*

SOD (serial output data line)   *линия последовательного вывода данных*

soft   *программно-управляемый, программный*

soft copy   *недокументальная копия (напр. на экране дисплея)*

soft error   *нефатальный сбой*

soft font   *программный шрифт*

soft hyphen   *'мягкий' перенос (в текстовых редакторах)*

soft key   *программируемая клавиша, экранная (сенсорная) клавиша*

soft return   *'мягкий' перевод строки (в текстовых редакторах)*

soft scroll   *плавная прокрутка (изображения)*

soft sector   *программно размеченный сектор (дискеты)*

soft-touch button   *экранная (сенсорная) клавиша*

software   *программное обеспечение, программные средства*

software-based   *основанный на программных средствах*

software control   *контроль программными средствами*

software engineering   *разработка программных средств*

software error   *ошибка программного обеспечения*

software house   *фирма по разработке программного обеспечения*

software package   *пакет программ*

software piracy   *незаконное копирование программных средств*

software product   *программный продукт*

software protection   *защита программных средств*

software reliability *надежность программных средств*
software-supported *обеспеченный программной поддержкой*
software tool *инструментальные программные средства*
SOH (start of heading) *начало заголовка*
solid *прочный, твердый*
solid model [graph.] *объемная модель*
solid state device *твердотельное устройство*
soluble *разрешимый*
solution *решение*
solve (vb.) *решать*
solver *решающее устройство*
solving *решение*
sort *вид, сортировка*
sort (vb.) *сортировать*
sorter *сортировщик*
sort field *поле сортировки*
sorting *сортировка*
sort key *клавиша сортировки*
sort order *порядок сортировки*
sort program *программа сортировки*
sort sequence *последовательность сортировки*
SOS (silicon on sapphire) [micro.] *технология 'кремний на сапфире'*
sound carrier frequency [el.] *частота звуковой несущей*
sound carrier wave [el.] *звуковая несущая*
sound generator *звуковой генератор*
sound head [el.] *звуковая головка*
sound recorder head *звуковая записывающая головка*
sound rejection [tv] *подавление звука*
source *источник;* [el.] *исток*
source (adj.) *исходный*
source code *исходный код*
source code control system (SCCS) *система контроля исходного кода*
source data *исходные данные*
source document *исходный документ*
source language *исходный язык*
source list *исходный список*
source of current [el.] *источник тока*
source of noise *источник шума*
source of power [el.] *источник питания*
source of radiation *источник излучения*
source program *исходная программа*
SP (stack pointer) *указатель вершины стека*
space *интервал, область, пробел, промежуток, пространство, расстояние*
space (vb.) *располагать с интервалом*
space bar *клавиша пробела*
space character *символ пробела*
spaced *с интервалом*
space key *клавиша пробела*
space line *пустая строка*
space requirement *требования к размерам (напр. памяти)*
space-saving *экономящий место*

spacing   *интервал, расположение вразрядку*
spacing chart   *пространственная диаграмма*
spaghetti   *изоляционная трубка*
spaghetti code   *неструктурная программа*
span   *диапазон, интервал*
spare   *запас, резерв*
spare (adj.)   *запасной, резервный*
spare part   *запасная деталь*
spare part number   *номер запасной части*
spare parts list   *список запасных деталей*
spatial effect   *мозаичный (видео)эффект*
spatial requirement   *пространственные потребности*
speak (vb.)   *говорить*
speaking   *говорящий, разговорный*
speaking circuit   [telecom.] *служебный канал*
special   *особенный, особый, специальный*
special character   *специальный символ*
special experience   *особый навык*
specialist   *специалист*
special purpose   *особое назначение*
special purpose computer   *компьютер специального назначения*
special treatment   *специальная обработка*
specification   *спецификация*
specification and description language (SDL)   *язык описания технических требований*
specifications   *технические данные*
specific coding   *особенное кодирование*
specific question   *специфический вопрос*
specify (vb.)   *специфицировать, точно определять*
specimen   *образец*
specimen product   *образцовый продукт*
spectral colour   *спектральный цвет*
spectrum   *спектр*
speech   *речь*
speech frequency   *частота речи*
speech generation   *генерация речи*
speech intelligibility   *разборчивость речи*
speech interference level   [telecom.] *уровень речевой помехи*
speech interpolation   *интерполяция речи*
speech processing   *обработка речи*
speech recognition   *распознавание речи*
speech scrambler   *речевой скремблер*
speech signal   [telecom.] *речевой сигнал*
speech spectrum   *спектр речи*
speech synthesis   *речевой синтез*
speech verification   *верификация речи*
speed   *быстродействие, скорость*
speed up (vb.)   *увеличить скорость*
spell (vb.)   *писать правильно*
spelling check   *контроль правописания*
sphere   *сфера*

spherical type head [type.] *сферическая печатная головка*

spike *выброс, острый импульс*

split *дробление, разбиение*

split (vb.) *дробить, разбивать, разделять*

split screen *полиэкран*

splitting *дробление, разбиение*

spool *бобина, катушка*

spool (vb.) *буферизировать*

SPOOL (simultaneous peripheral operations on-line) *одновременная операция с внешними устройствами*

spooler *устройство перемотки*

spooling *подкачка или откачка данных;* [prof.] *спулинг*

spool queue *очередь буферов*

spot *место;* [tv] *пятно*

spot check *выборочная проверка*

spot distortion [tv] *искажение пятна*

spot size *размер пятна*

spread *разброс*

spread-out *расширение базы данных*

spreadsheet *электронная таблица*

sprite *спрайт*

sprocket feed *подача с помощью звездчатки*

sprocket hole *отверстие цепного колеса*

spur of matrix [mat.] *след матрицы*

SQL (structured query language) *язык структурированных запросов*

square [mat.] *квадрат, площадь*

square (vb.) *делать прямоугольным;* [mat.] *возводить в квадрат*

square bracket *квадратные скобки*

square root [mat.] *квадратный корень*

SSI (small scale integration) *малая степень интеграции*

stability *стабильность, устойчивость*

stabilization *стабилизация*

stabilization factor *фактор стабилизации*

stabilize (vb.) *стабилизировать*

stabistor [el.] *стабистор*

stable state *стабильное состояние*

stack *стек;* [prof.] *магазин*

stack (vb.) *заносить в стек*

stacker *накопитель, приемник*

stack pointer (SP) *указатель вершины стека*

stage *каскад, разряд, ячейка*

staged data transfer *каскадная пересылка данных*

stage of production *стадия производства*

staggering *разнесение боковых полос каналов*

staging *перемещение (блоков данных)*

stagnant *мантисса*

stamping *тиснение (в печатных схемах)*

stand (vb.) *ставить, стоять*

stand-alone *автономный*

stand-alone program *автономная программа*

stand-alone terminal *автономный терминал*

standard   *образец, стандарт*

standard component   *стандартный компонент*

standard conditions   *стандартные условия*

standard construction   *стандартная конструкция*

standard contract   *стандартное соглашение*

standard design   *стандартный проект*

standard deviation   *стандартное отклонение*

standard dimension   *стандартный размер*

standard frequency   *стандартная частота*

standard goods   *стандартный товар*

standardization   *нормирование, стандартизация*

standardization organization   *организация стандартизации*

standardize (vb.)   *нормализовать, стандартизовать*

standardized part   *стандартизованная деталь*

standardized variate   [stat.] *нормированное отклонение*

standard length   *стандартная длина*

standard letter   *стандартный символ*

standard line   *стандартная линия*

standard model   *стандартная модель*

standard module   *стандартный модуль*

standard part   *стандартная часть*

standard performance   *стандартная производительность, стандартная*
   эффективность

standard program   *стандартная программа*

standard quality   *стандартное качество*

standard sheet   *стандартная таблица*

standard size   *стандартный размер*

standard software   *стандартное программное обеспечение*

standard specifications   *стандартная спецификация*

standard system   *стандартная система*

standard time   *стандартное время*

stand by (vb.)   *резервировать*

stand-by   *резерв, резервирование*

stand-by condition   *состояние ожидания*

stand paper tray   *корзина для хранения листовой бумаги*

standstill   *бездействие, мертвая точка*

star net   *сеть типа звезда*

star network   *сеть типа звезда*

start   *запуск, начало, пуск*

start (vb.)   *запускать, начинать, стартовать*

start bit   *стартовый бит*

starting point   *стартовая точка*

starting position   *стартовая позиция*

starting up   *запуск, старт*

start line   *строка начала программы*

start of heading (SOH)   *начало заголовка*

start of text   *начало текста*

start-of-text signal   *сигнал начала текста*

start signal   *стартовый сигнал*

start-stop mode   *стартстоповый режим*

start-stop multivibrator   [el.] *стартстопный мультивибратор*

start-stop transmission   *стартстоповая передача*

start up (vb.)   *стартовать*

star-type network   *сеть типа звезда*

state   *режим, состояние*

statement   *высказывание, оператор, утверждение, формулировка;*
   [mat.] *предположение*

statement register   *регистр оператора*

static   *статический*

static convergence control   *контроль статической сходимости*

static electricity   *статическое электричество*

staticize (vb.)   *преобразовывать из последовательной формы в параллельную*

static RAM (static random access memory)   *статическая оперативная*
   память

station   *место, станция, узел сети*

stationary   *стационарный*

stationary condition   *стационарное состояние*

stationary point   *стационарная точка*

stationery   *бумага для печатающих устройств, канцелярские*
   принадлежности

statistical   *статистический*

statistical analysis system (SAS)   *система статистического анализа*

statistics   *статистика*

status   *состояние, статус*

status byte (STBY)   *байт состояния*

status check   *контроль статуса*

status code   *код состояния*

status line   *строка состояния*

status message   *сообщение о статусе*

status register   *статусный регистр*

status report printer   *принтер для вывода информации о состоянии*
   устройства

STBY (status byte)   *байт состояния*

steady state   *равновесное состояние, устойчивое состояние*

steady-state condition   *состояние равновесия*

steal   *захватывать, упрятывать*

steering program   *управляющая программа*

stem   [lingv.] *основа*

stencil   *трафарет, шаблон*

stencilling brush   *кисть для трафаретной печати*

step   *шаг, этап*

step-by-step   *постепенный, ступенчатый, шаг за шагом*

step-by-step action   *постепенное действие*

step-by-step excitation   [el.] *пошаговое возбуждение, ступенчатое*
   возбуждение

step counter   *счетчик шагов*

step function   [mat.] *ступенчатая функция*

stepless   *бесступенчатый, плавный*

step-strobe marker   [el.] *стробирующий маркер*

stepwise   *пошаговый*

stereo-plotter   *стереографопостроитель*

stereotypy   [graph.] *стереотипия*

stick [prof.] *'зависание' в нуле или единице*

stimulate *стимулировать*

stimulus *входной сигнал при тестировании*

stipple (vb.) *наносить фактуру*

stippling *фактура*

stipulate (vb.) *обуславливать*

stochastic (adj.) *вероятностный, случайный, стохастический*

stochastic variable *случайная переменная;* [stat.] *стохастическая переменная*

stop *ограничитель, останов, остановка*

stop (vb.) *ограничивать, останавливать*

stop band [el.] *полоса затухания*

stop bit *стоповый бит*

stop list *список остановок*

stoppage *задержка, остановка*

stopping device *устройство останова*

stop signal *сигнал остановки*

storage *запоминающее устройство, накопитель, память*

storage allocation *распределение памяти*

storage area *область памяти, область хранения*

storage block *блок памяти*

storage capacity *емкость запоминающего устройства, емкость памяти*

storage cell *ячейка накопителя, ячейка памяти*

storage control *управление запоминающим устройством*

storage density *плотность хранения*

storage device *накопительное устройство, устройство памяти, устройство хранения*

storage display tube [el.] *запоминающая электронно-лучевая трубка*

storage dump *распечатка содержимого памяти*

storage dumping program *программа распечатки содержимого памяти*

storage element *элемент памяти*

storage location *ячейка памяти*

storage map *карта памяти*

storage medium *носитель накопителя*

storage protection *защита накопителя, защита памяти, защита хранения данных*

storage snapshot *отпечаток содержимого памяти*

storage space *область памяти*

storage structure *структура памяти*

storage tube [el.] *запоминающая электронно-лучевая трубка*

storage unit *модуль памяти*

storage volume *объем памяти*

store *запоминающее устройство, память, хранение*

store (vb.) *запоминать, хранить*

store access *доступ к памяти*

stored program *программа, сохраняемая в памяти*

stored-program computer *компьютер с сохраняемой программой*

store image *образ памяти*

store protection *защита памяти, защита хранения данных*

storing *запоминание, сохранение*

straightening *выправление*

straight line   *прямая линия*

straight-line interpolation   [mat.] *интерполяция прямой линией*

strap   *полоска, шина*

strategy   *поведение, стратегия*

stray (adj.)   *блуждающий, паразитный*

streak   *прослойка*

streamer   *стримерный накопитель*

strength   *мощность, напряженность (поля), сила*

stretch   *эластичность*

stretch (vb.)   *вытягивать*

strict order relation   [mat.] *строгое отношение порядка*

strike over (vb.)   *перечеркнуть*

strike-through (vb.)   *перечеркнуть*

string   *строка*

string data   *строковые данные*

string handling   *обработка строк*

strip   *полоска, шина*

stripe   *полоса*

strobe   *стробирующий импульс*

stroke   *нажатие (клавиши), такт, черта, штрих*

strop (vb.)   *ставить в кавычки*

structural analysis   [syst.] *структурный анализ*

structural defect   *структурный дефект*

structure   *конструкция, структура, схема, устройство*

structure (vb.)   *структурировать*

structure chart   *структураная диаграмма*

structured analysis   *структурный анализ*

structured analysis and design technique (SADT)   *метод структурного анализа и проектирования*

structured design   *структурное проектирование*

structured programming   *структурное программирование*

structured programming language   *язык структурного программирования*

structured query language (SQL)   *язык структурированных запросов*

stub   *остаток тела (программы или процедуры);* [prof.] *заглушка*

study   *анализ, исследование*

study (vb.)   *изучать*

stuffing   *архивация (файла), вставка, заполнение*

stylesheet   *таблица стилей*

stylized symbol   *стилизованный символ*

stylus   *пишущий узел*

subaddress   *субадрес*

subassembly   *подсистема*

subchannel   *подканал*

subcommand   *подкоманда*

subdirectory   *подкаталог*

subdivide (vb.)   *подразделять*

subdivision   *подразделение*

subfield   *подполе*

subindex   *субиндекс*

subject   *подлежащее, подчиненный*

subject field   *подчиненное поле*

subject glossary   *подчиненный глоссарий*

subject knowledge   *подчиненные знания*

submatrix   [mat.] *субматрица*

submenu   *подменю*

subnetwork   *базовая сеть передачи данных*

subprogram   *подпрограмма*

subroutine   *подпрограмма*

subsample   [stat.] *субвыборка*

subschema   *подсхема*

subscript   *индекс массива, подстрочный индекс*

subscripted variable   [mat.] *индексированная переменная*

subscripting   *индексация*

subset   [mat.] *подмножество*

substance   *содержание*

substitute   *замена, суррогат*

substitute (vb.)   *заменять, замещать*

substitution   *подстановка*

substrate   *подложка*

substring   *подстрока*

subsynchronous   *субсинхронный*

subsystem   *компонент системы, подсистема*

subtotal   *промежуточная сумма*

subtract (vb.)   *вычитать*

subtraction   *вычитание*

subtract operation   *операция вычитания*

succeeding   *последующий*

succeeding address   *адрес последующего члена (последовательности)*

succession   *последовательность, преемственность*

suffix   *индекс, суффикс*

suffix qualifier   *квалификатор индекса*

suggested arrangement   *предполагаемое устройство*

suggested layout   *предполагаемый формат*

sum   *арифметическая задача, итог, сумма*

sum (vb.)   *складывать, суммировать*

sum carry   *итоговый перенос*

summarize (vb.)   *суммировать*

summary (adj.)   *краткий, сокращенный*

summary entry   *краткая статья*

summary field   *поле итога*

summation   *сложение, суммирование*

summation check   *контроль суммирования*

summation value   *значение итога*

summing up   *суммирование*

sum up (vb.)   *увеличение суммы*

superblock   *системный блок*

superchip   *кристалл сверхбольшой интегральной схемы*

supercomputer   *суперкомпьютер*

superconductor   *сверхпроводник*

superdimensioned   *сверхбольшой (о размерах)*

superfluous   *излишний*

superior   *превосходящий*

superior tree   *старшее дерево*

supermicro   *супермикро (компьютер)*

supermini   *супермини (компьютер)*

superscript   *верхний индекс, надстрочный индекс, показатель степени*

supervise (vb.)   *контролировать, надзирать за*

supervision   *контроль, наблюдение, надзор*

supervisor   *диспетчер, супервизор*

supervisor call (SVC)   *вызов диспетчера*

supervisory program   *супервизор, управляющая программа*

supervisory routine   *системная подпрограмма*

supplement   *добавление, дополнительный угол, поддержка*

supplement (vb.)   *добавлять*

supplemental   *дополнительный*

supplementary   *добавочный*

supplementary symbol   *добавочный символ*

supplier   *поставщик*

supplies   *расходуемые материалы*

supply   *источник питания, питание*

supply (vb.)   *питать*

support   *обеспечение, поддержка*

support (vb.)   *обеспечивать, поддерживать*

suppress (vb.)   *подавлять;* [el.] *гасить*

surcharge   *перегрузка*

surd   *иррациональное выражение, радикал*

surface   *плоскость, поверхность*

surface lifetime   [micro.] *время жизни поверхности*

surface model   *плоскостная модель*

surface mounted device (SMD)   *устройство, смонтированное на поверхности*

surface mounted switch   *переключатель, смонтированный на поверхности*

surge   [el.] *выброс (на осциллограмме) тока или напряжения*

surplus   *излишек*

surplus product   *излишний продукт*

surveillance   *контроль, надзор*

survey   *обследование, осмотр*

survey method   *метод обследования*

surviver   *компонент, сохранивший работоспособность*

suspend (vb.)   *приостановить;* [prof.] *подвесить систему*

suspended file   [prof.] *подвешенный файл*

suspended state   [prof.] *подвешенное состояние*

suspension   *приостановка*

SVC (supervisor call)   *вызов диспетчера*

swap (vb.)   *переставлять, подкачивать*

swapping   *обмен, подкачка;* [prof.] *свопинг*

sweep (vb.)   [el.] *развертывать*

sweep circuit   [el.] *схема развертки*

sweep rate   [el.] *скорость развертки*

sweep velocity   [el.] *скорость развертки*

swing   *колебание, размах*

swing (vb.)   *колебать*

swinging   *колебание*

switch *коммутатор, переключатель*

switch (vb.) *коммутировать, переключать;* [electr.] *перемагничивать*

switch backward (vb.) *переключить назад*

switchboard *коммутационная панель*

switched line *коммутируемая линия*

switch forward (vb.) *переключить вперед*

switching logic circuitry [cl.] *логическая схема переключения*

switch key *клавиша переключателя*

switch off (vb.) *выключить*

switch on (vb.) *включить*

switchpoint *точка ветвления*

swivel arm *ручка на шарнирном соединении*

swop (vb.) *переставлять*

syllable *слог*

symbol *знак, символ*

symbol display *символьный дисплей*

symbol element *элемент символа*

symbolic *символический*

symbolic address *символический адрес*

symbolic language *символический язык*

symbolic machine language *символический машинный язык*

symbolic programming language *символичиский язык программирования*

symbol library *библиотека символов*

symbol recognition *распознавание символов*

symbol set *набор символов*

symbol table *таблица символов*

sync generator [cl.] *синхрогенератор*

synchronism *синхронный*

synchronization *синхронизация*

synchronization bit *бит синхронизации*

synchronization pulse [tv] *импульс синхронизации*

synchronize (vb.) *синхронизировать*

synchronizer *синхронизатор*

synchronizing *синхронизация*

synchronizing pulse [tv] *импульс синхронизации*

synchronizing pulse generator *импульсный генератор синхронизации*

synchronizing signal [tv] *сигнал синхронизации*

synchronous *синхронный*

synchronous computer *синхронный компьютер*

synchronous data link *синхронная компоновка данных*

synchronous data link control (SDLC) *синхронное управление каналом передачи данных*

synchronous data set *синхронный набор данных*

synchronous data stream *синхронный поток данных*

synchronous data string *синхронная строка данных*

synchronous demodulator *синхронный демодулятор*

synchronous digital hierarchy (SDH) *синхронная цифровая иерархия*

synchronous mode *синхронный режим*

synchronous operation *синхронная операция*

synchronous principle *синхронный принцип*

synchronous terminal *синхронный терминал*

synchronous transmission   *синхронная передача*

synchronous update   *синхронная модификация*

sync pulse   [tv] *синхроимпульс*

synergism   *синергизм*

synergistic effect   *синергический эффект*

synergistic phenomenon   *синергическое явление*

synonym   *синоним*

synonym control   *контроль синонимов*

syntactic   [lingv.] *синтаксический*

syntax   *синтаксис*

syntax error   *синтаксическая ошибка*

synthesis   *синтез*

synthetic (adj.)   *синтетический*

synthetic language   *синтетический язык*

synthetic speech   *синтетическая речь*

synthetize (vb.)   *синтезировать*

sysgen   *генерация системы*

system   *система, установка, устройство*

system analysis   *системный анализ*

system analyst   *системный аналитик*

systematic deviation   *систематическое отклонение*

systematic error   *систематическая ошибка*

system axes   [mat.] *системная ось*

system call   *системный вызов*

system clock   *системные часы*

system configuration   *конфигурация системы*

system crash   *системный сбой*

system dependent   *зависящий от системы*

system description   *описание системы*

system design   *системное проектирование*

system designer   *разработчик системы*

system development   *развитие системы*

system diagram   *системная диаграмма*

system distributor   *системный распространитель*

system documentation   *системная документация*

system earth   [el.] *системная земля*

system engineering   *системное проектирование*

system failure   *системный сбой, фатальная ошибка системы*

system fault tolerance   *допуск на системные ошибки*

system generation   *генерация системы*

system implementation   *разработка системы*

system integration   *объединение в систему*

system log   *системная регистрация, системный протокол*

system menu   *системное меню*

system menu icon   *пиктограмма системного меню*

system network interconnection (SNI)   *соединение системных сетей*

system of coordinates   [mat.] *система координат*

system planning   *системное планирование*

system production time   *служба времени*

system-provided   *поставляемый в составе системы*

systems administrator   *администратор системы*

systems analyst   *системный аналитик, специалист по системному анализу*

systems and computers evaluation and review technique (SCERT)   *методика проверки и оценки систем и компьютеров*

systems application architecture (SAA)   *архитектура прикладных систем*

systems disk   *системный диск*

system security   *защита системы*

systems network architecture (SNA)   *системная архитектура сети*

system software   *системное программное обеспечение*

systems program   *системная программа*

systems programmer   *системный программист*

system testing   *системное тестирование*

system test time   *время прохождения системного теста*

system tuning   *системная настройка*

system unit   *системный модуль*

system utility   *системная служебная программа*

system variable   *системная переменная*

system with multiuser facility   *система с возможностью работы в многопользовательском режиме*

tab *символ табуляции*

tab (vb.) *табулировать*

tab key *клавиша табуляции*

table *планшетный стол, табель, таблица*

table function *табличная функция*

table look-up *просмотр таблицы*

table of contents (TOC) *список содержимого*

tablet *планшет*

table top (adj.) *настольный*

tab marker *маркер табуляции*

tab stop *ограничитель табуляции*

tabular *пластинчатый, табличный*

tabular display *плоский дисплей*

tabular form, in *в форме таблицы*

tabular format *табличный формат*

tabulate (vb.) *сводить в таблицу, составлять таблицу, табулировать*

tabulating card *табличная плата*

tabulating machine *машина для составления таблиц*

tabulation *табулирование*

tabulator *табулятор*

tabulator clear key *клавиша снятия табуляции*

tabulator key *клавиша табулятора*

tack *канцелярская кнопка*

tactile feed-back *осязательная обратная связь*

Tafel equation [mat.] *уравнение Тафиля*

tag *кабельный наконечник, признак, тег, ярлык (блока сообщения)*

tagged image file format (TIFF) *теговый формат файла для хранения графических образов*

tail *остаток, последний элемент списка, список без первого элемента*

tailor (vb.) *адаптировать, разрабатывать*

tailored *нестандартный*

take apart (vb.) *демонтировать*

takedown *демонтаж*

take into use (vb.) *ввести в эксплуатацию*

take samples (vb.) *произвести выборку*

talker *источник сообщения*

talking circuit [telecom.] *схема связи*

tally *единица счета, итог, копия программы, счет*

tally (vb.) *подсчитывать*

tally sheet *итоговая таблица*

tamper (vb.) *вмешиваться, вносить самовольные изменения*

tamperproof *устойчивый к внешним воздействиям*

tamper with *вмешиваться в*

tandem processors *сдвоенные процессоры*

tandem selection *транзитный искатель*

tangent [mat.] *тангенс*

tangent point *точка касания*

tank [el.] *колебательный контур*

tap *ответвление, подключение к линии*

tap (vb.) *ответвлять*

tape *лента*

tape (vb.) *заклеивать липкой лентой*

tape cartridge *кассета с лентой*

tape cassette *кассета с лентой*

tape control unit *устройство управления накопителем на ленте*

tape deck *лентопротяжное устройство, накопитель на магнитной ленте*

tape drive *запоминающее устройство на магнитной ленте, лентопротяжное устройство, накопитель на магнитной ленте*

tape dump *распечатка содержимого ленты*

tape editing *редактирование данных на ленте*

tape error *ошибка накопителя на магнитной ленте*

tape-feed switch *переключатель движения магнитной ленты*

tape label *метка магнитной ленты*

tape leader *свободный начальный участок магнитной ленты*

tape loop *лента, замкнутая в кольцо*

tape mark *ленточный маркер*

tape-operated *работающий с магнитной лентой*

tape packing density *плотность упаковки данных на магнитной ленте*

tape reader *считыватель данных с магнитной ленты*

tape-reading head *головка чтения с магнитной ленты*

tape reel *катушка магнитной ленты*

tape row *ленточная строка*

tape spool *катушка магнитной ленты*

tape station *станция ленточных накопителей*

tape storage *запоминающее устройство на магнитной ленте*

tapestreamer *ленточный накопитель*

tape tension *натяжение магнитной ленты*

tape trailer *участок магнитной ленты после маркера конца*

tape transport *перемещение ленты*

tape transport mechanism *лентопротяжный механизм*

tape unit *модуль накопителя на магнитной ленте*

target *адресат*

target (adj.) *выходной, объектный*

target computer *объектный компьютер*

target language *целевой язык*

target program *целевая программа*

TASI (time assignment speech interpolation) [telecom.] *концентрация каналов передачи речи путем использования естественных пауз в разговоре*

TASI equipment [telecom.] *аппаратура для концентрации речевых каналов путем использования естественных пауз в разговоре*

task *ветвь программы, задача, модуль описания процесса (в АДА)*

task control block *контрольный блок задачи*

task dispatcher *диспетчер задачи*

tasking *организация прохождения задачи*

task management *управление задачей*

task specification *описание задачи*

task time *время выполнения задачи*

taxonomy [lingv.] *таксономия*

TCP (transmission control protocol) *протокол управления передачей*

TCU (transmission command unit)   *модуль передачи команды*

TCU (transmission control unit)   *модуль управления передачей (данных)*

t-distribution   [stat.]   *T-распределение*

TDM (time division multiplex)   [telecom.]   *мультиплексная передача с временным разделением (каналов)*

teaching   *обучение*

teachware   *учебное программное обеспечение*

team work   *бригадная работа*

technical   *технический*

technical adviser   *технический советник*

technical aids   *техническая помощь*

technical dictionary   *технический словарь*

technical documentation   *техническая документация*

technical drawing   *технический чертеж*

technical evaluation   *техническая оценка*

technical facilities   *технические способности*

technical glossary   *технический глоссарий*

technical literature   *техническая литература*

technical support   *техническая поддержка*

technical term   *технический термин*

technical terminology   *техническая терминология*

technical use, for   *для технического использования*

technician   *техник*

technics   *технические науки*

technological   *технологический*

technological development   *технологическое развитие*

technology   *технологические науки, технология*

technology transfer   *переход к новой технологии*

telco (US)   *телекоммуникационная компания*

telecast   *телепередача*

telecom cable   *телевизионный кабель*

telecommunication cable   *телекоммуникационный кабель*

telecommunication network   *телекоммуникационная сеть*

telecommunications   *телекоммуникации*

telecommunications access method   *метод доступа через телекоммуникации*

telecommunications control unit   *модуль управления телекоммуникациями*

telecommunications equipment   *телекоммуникационное оборудование*

telecommunications satellite   *телекоммуникационный спутник*

telecommunication system   *телекоммуникационная система*

telecommuting   *телекоммуникация*

telecomputing   *вычисления с использованием сетей*

teleconference   *телеконференция*

telecopier   *телекопир (в сетях)*

telecopying   *телекопирование*

tele-engineering   *телетехника*

telefax   *телефакс*

teleinformatics   *телеинформатика*

teleinformatics network   *телеинформационная сеть*

telemarketing   *телемаркетинг*

telematics   *интегрированные средства обработки и передачи данных*

telematic system and services *телеинформационная система и обслуживание*

telemetry *телеметрия*

telephone *телефон*

telephone dialler [telecom.] *телефонное наборное устройство*

telephone frequency *телефонная частота*

teleprinter *телепринтер*

teleprocessing (TP) *телеобработка (данных)*

telescreen *телеизображение*

teletex *телетекс (система передачи данных)*

teletex character repertoire *набор символов телетекса*

teletext *телетекст (вещательная видеография)*

teletext service *служба телетекста*

teletransmission *телепередача*

teletype *телетайп*

teletyper *телеграфист*

teletyperwriter (TTY) *телеграфист*

teletypesetting [graph.] *телетайпный набор*

teletypesetting machine [graph.] *машина для телетайпного набора*

teletypewriter (TTY) *телетайп*

television *телевидение*

television apparatus *телевизионный аппарат*

television broadcast(ing) *телевизионное вещание*

television broadcasting system *система телевизионного вещания*

television receiver *телевизионный приемник*

television screen *телевизионный экран*

television set *телевизор*

television system *телевизионная система*

television test card [tv] *телевизионная тестовая плата*

television transmission *телевизионная передача*

television transmitter *телевизионный передатчик*

television vision transmitter *телевизионный передатчик*

telewriter *устройство для записи телеизображения*

telex *телекс*

telex machine *машина для передачи телексов, телекс-принтер*

temperature printer *термопринтер*

template *маска, трафарет, шаблон*

temporary *временный, рабочий*

temporary buffer store *хранение во временном буфере*

temporary file *временный файл, рабочий файл*

temporary memory *временная память, рабочая память*

temporary storage *временная память*

temporary store *временная память, временное хранение*

tendency *наклонность, тенденция*

tension *натяжение*

tensor *тензор*

T-entrance [el.] *Т-образный вход*

term *терм, термин, элемент;* [mat.] *член*

terminal *оконечное устройство, терминал;* [el.] *клемма*

terminal authentication *подтверждение права доступа к терминалу*

terminal emulation *эмуляция терминала*

terminal identification *идентификация терминала*

terminal pair [el.] *контактная пара*

terminal point *кассовый терминал*

terminal session *сеанс работы за терминалом*

terminal symbol *признак конца, терминальный символ*

terminal user *диалоговый пользователь*

terminal working in synchronous mode *терминал, работающий в синхронном режиме*

terminate (vb.) *завершать работу, прекращать процесс*

terminate and stay resident (TSR) *завершить и остаться резидентным*

terminating decimal *конечный десятичный разряд*

termination *завершение, окончание, прекращение*

terminator-string *стоп-строка*

terminology *терминология*

termocouple *термопара*

termoelement *термопреобразователь*

termoswitch *термовыключатель*

termwise *почленный*

termwise (adj.) *поэлементный*

ternary *троичный*

territory *территория*

test *испытание, контроль, проверка, тест;* [stat.] *критерий*

test (vb.) *испытывать, контролировать, проверять, тестировать*

test arrangement *устройство тестирования*

test authority *полномочия для проверки*

test-bed *испытательная модель*

test call *тестовый вызов*

test card *тестовая карта;* [tv] *тестовая плата*

test chart *тестовая карта;* [tv] *тестовая диаграмма*

test code *тестовый код*

test data *тестовые данные*

test equipment *тестовое оборудование*

tester *тестер*

test hardware *тестовые аппаратные средства*

testing *испытание, тестирование*

testing apparatus *аппаратура для тестирования*

testing equipment *тестовое оборудование*

testing machine *тестовый автомат*

testing method *метод контроля, метод тестирования*

test in step-mode *тест в пошаговом режиме*

test method *метод проверки, метод тестирования*

test pattern *образец для тестирования;* [tv] *тестовое изображение*

test program *тестовая программа*

test result *результат тестирования*

test run *тестовый запуск*

test software *тестовое программное обеспечение*

test specification *описание теста, тестовое техническое задание*

test unit *тестовый модуль*

tetrad *тетрада*

text *текст*

text-book *руководство, учебник*

text cursor *текстовый курсор*
text editing *редактирование текста*
text editor *редактор текста*
text face *начертание текста*
text file *текстовый файл*
text/graphics processing *обработка текстов и графики*
text/image integration *компоновка текста и графики*
text mode *текстовый режим*
text processing *обработка текстов*
text processing system *система обработки текстов*
theorem *теорема*
theoretic(al) *теоретический*
theoretical value *теоретическая величина, теоретическое значение*
theory *теория*
theory of combinations [mat.] *теория комбинаций*
theory of probability *теория вероятности*
thermal printer *термопринтер, устройство термографической печати*
thermic copying *термокопирование*
thermographic printer *термографический принтер*
thermography *термография*
thesaurus *словарь*
thick film [el.] *толстая пленка*
thick film integrated circuit [el.] *толстопленочная интегральная
   микросхема*
thickness *плотность, превышение объекта (в машинной графике),
   толщина*
thin film [el.] *тонкая пленка*
thin-film memory *память на тонких пленках*
thin-film storage *память на тонких пленках*
thin-film store *память на тонких пленках*
third-generation computer *компьютер третьего поколения*
third party developer *третья сторона-разработчик*
third power [mat.] *третья степень*
third root [mat.] *корень третьей степени*
thrashing *перегрузка*
thread *жила провода, нить, резьба*
three-layer(ed) *трехслойный*
three-pin plug *трехконтактный разъем*
three-pole *трехполюсный*
three-stage *трехэтапный*
three-term(ed) [mat.] *трехчленный*
threshold [tv] *порог*
threshold limit value (TLV) *предельно допустимая концентрация (ПДК)*
threshold value *пороговое значение*
throughput *производительность (вычислительной системы), пропускная
   способность (канала связи)*
throughput time *общее время производственного цикла*
thyristor *тиристор*
tie in *привязка*
TIFF (tagged image file format) *теговый формат файла для хранения
   графических образов*

tight   *компактный, непроницаемый, плотный*

tightly packed   *плотно упакованный*

tightness   *компактность, плотность*

tiling windows   *мозаично расположенные окна*

tilt   *отклонение*

tilt (vb.)   *наклонять*

tilted   *наклонный, опрокинутый*

tilting mechanism   *механизм наклона*

time   *время, период, такт, темп*

time (vb.)   *синхронизировать, хронометрировать*

time assignment speech interpolation (TASI)   [telecom.] *концентрация каналов передачи речи путем использования естественных пауз в разговоре*

time base   *временная ось, масштаб по оси времени*

time code   *код времени*

time-code information   *информация о временном кодировании*

time-code technique   *техника временного кодирования*

time-code transmission   *передача данных временного кодирования*

time-consuming (adj.)   *отнимающий много времени*

time consumption   *расход времени*

time-controlled   *регулируемый по времени*

time counter   *счетчик времени*

time cut-out   *время срабатывания предохранителя*

time delay   *временная задержка*

time-dependent   *зависимый от времени*

time division multiplex (TDM)   [telecom.] *мультиплексная передача с временным разделением (каналов)*

time division multiplex transmitter   [telecom.] *мультиплексный передатчик с временным разделением (каналов)*

time factor   *фактор времени*

time for manufacturing   *время для производства*

time function   *функция времени*

time interval   *временной интервал*

timekeeper   *хронометр*

time lag   *временное запаздывание*

time limit   *предельное время*

time marker   *маркер синхронизации*

time meter   *измеритель времени*

time-of-day tariff   *тариф, зависящий от времени дня*

time out   *блокировка по превышению лимита времени, время простоя*

time pulse   *временной импульс*

timer   *таймер, часы*

time recorder   *регистратор времени*

time recording   *запись времени*

time register   *датчик времени*

time response   *временная характеристика*

times   [mat.] *умножить на*

time-saving   *сохраняющий время*

time scale factor   *временной масштабный коэффициент*

time schedule   *временной график*

time sharing   *разделение времени*

time-sharing system   *система разделения времени*

time signal   *тактовый сигнал*

time slice   *временной интервал, квант времени*

time slicing   *квантование времени*

time switch   *реле времени*

time unit   *единица времени, такт*

timing   *синхронизация, тактирование, хронирование*

timing code   *временной код*

timing difference   *разность синхронизации*

timing marker   *маркер синхронизации*

timing pulse   [tv] *импульс синхронизации*

tint   [tv] *растровый фон*

title   *заголовок*

title bar   *полоса заголовка*

title block   *блок заголовка*

title retrieval   *считывание заголовка*

TLV (threshold limit value)   *предельно допустимая концентрация (ПДК)*

T-network   [telecom.] *Т-образная сеть*

TOC (table of contents)   *список содержимого*

TOF (top of form)   *начало страницы*

toggle   [el.] *переключатель, триггер*

toggle command   *команда переключения*

toggle switch   *триггерный переключатель*

token   *знак, обозначение;* [log.] *лексема*

token passing   *передача маркера, эстафетная передача*

tolerance   *допуск*

toll-free number   *бесплатный номер (телефона)*

tone   *оттенок, тональная посылка*

tone-code command   *команда в тональном коде*

tone generator   *генератор тона*

toner   *красящий порошок*

toner cartridge   *кассета с красящим порошком*

toner kit   *комплект красящего порошка*

toner nozzle   *сопло для красящего порошка*

toner unit   *модуль с красящим порошком*

tone source   *источник тона*

tool   *инструментальное средство, орудие, рабочий инструмент*

toolbox   *инструментальный ящик*

tool kit   *комплект инструментов*

toolsmith   [prof.] *системный программист*

top   *верхняя часть, вершина*

top cover   *верхняя крышка*

topdown   *нисходящий*

topic   *тема*

top layer   *верхний уровень*

top level directory   *каталог верхнего уровня*

top margin   *верхний край (страницы)*

top of form (TOF)   *начало страницы*

topology   *топология*

topology of networks   *топология сетей*

top part   *верхняя часть*

toroid   *тороидальный сердечник*

tot   *итог*

tot (vb.)   *суммировать*

total   *итог, итоговая сумма, контрольная сумма*

total (adj.)   *суммарный*

total capacity   *общая емкость*

totalize (vb.)   *подводить итог, суммировать*

total length   *общая длина*

touch (vb.)   *затрагивать, касаться, трогать*

touch screen   *сенсорный экран*

touch sensitive screen   *сенсорный экран*

touch typing   [type.] *сенсорный набор*

touch-up (vb.)   *отделывать*

tower   *башня, вышка*

TP (teleprocessing)   *телеобработка*

TPI (tracks per inch)   *(число) дорожек на дюйм*

TR (transmit-receive)   [el.] *прием/передача*

trace   *след*

trace (vb.)   *записывать, отыскивать (повреждение), следить, трассировать (программу)*

traceable   *трассируемый*

traceback   *обратная трассировка*

trace in a graph   *графическая трассировка*

trace program   *программа трассировки*

tracer   *следящее устройство, трассировщик*

tracing   *трассировка*

tracing equipment   *оборудование для трассировки*

tracing program   *программа трассировки*

tracing routine   *процедура трассировки*

track   *дорожка, канал, проводник*

track ball   *трекбол (шар-манипулятор)*

track density   *поперечная плотность (записи)*

tracking   *трассировка*

track pitch   *шаг трассировки*

tracks per inch (TPI)   *(число) дорожек на дюйм*

tractor-driven   *с тянущей передачей*

tractor feed   *подача бумаги при помощи звездчатки*

tractor release lever   *рычаг освобождения механизма подачи бумаги (в принтере)*

traffic   *трафик (поток сообщений)*

trailer   *завершитель, концевик (напр. ленты), трейлер*

trailer label   *метка концевика*

trailing edge   *край концевика*

training   *обучение, тренировка*

trajectory   [mat.] *траектория*

transaction   *обработка запросов, транзакция (в базах данных)*

transaction amount   *количество запросов*

transaction file   *файл запросов*

transaction-oriented data processing   *транзактная организация обработки данных*

transaction processing   *обработка запросов*

transaction record   *запись запросов*

transceiver   *приемопередатчик*

transcendental   [mat.]   *трансцендентный*

transcendental number   [mat.]   *трансцендентное число*

transcoder   *транскодер*

transcribe (vb.)   *воспроизводить, преобразовывать*

transcript   *копия*

transcription   *перепись (данных), транскрипция*

transducer   *датчик, преобразователь*

transfer   *передача (управления), перенос, пересылка, переход*

transfer (vb.)   *передавать, переносить, пересылать, переходить*

transfer address   *адрес перехода*

transfer check   *контроль перехода*

transfer function   *функция перехода*

transfer instruction   *команда перехода*

transfer rate   *скорость передачи (данных)*

transfer syntax   *синтаксис перехода*

transfer time   *время перехода*

transform (vb.)   *превращать, преобразовывать, трансформировать*

transformation   *превращение, преобразование, трансформация*

transformer   *преобразователь, трансформатор*

transient   *нерезидентный, переменный, переходный*

transient data   *нерезидентные данные*

transient phenomenon   *переходный процесс*

transient software   *нерезидентные программные средства*

transient state   *неустойчивое состояние, промежуточное состояние*

transistor   [el.]   *транзистор*

transistor transistorlogic (TTL)   [el.]   *транзисторно-транзисторная логика (ТТЛ)*

transit   *прохождение*

transition   *передача, переход (из одного состояния в другое)*

transitional period   *период изменения*

transitional stage   *стадия изменения*

translate (vb.)   *переводить, преобразовывать, транслировать*

translating program   *программа-транслятор*

translation   *перевод, сдвиг, трансляция*

translational equivalent   *трансляционный эквивалент*

translator   *конвертор, преобразователь, транслятор*

transmission   *пропускание, прохождение;* [tv] *передача*

transmission command unit (TCU)   *модуль передачи команды*

transmission control character   *контрольный символ передачи*

transmission control device   *устройство управления передачей*

transmission control protocol (TCP)   *протокол управления передачей*

transmission control unit (TCU)   *модуль управления передачей (данных)*

transmission data rate   *скорость передачи данных*

transmission efficiency   *эффективность передачи*

transmission error   *ошибка передачи*

transmission frequency   *частота передачи*

transmission level   *уровень передачи*

transmission line   *линия передачи*

transmission line amplifier   *линейный усилитель передачи*

transmission loss   *потери при передаче*

transmission mode   *режим передачи*

transmission network   *сеть передачи (данных)*

transmission rate   *скорость передачи, темп передачи*

transmission speed   *скорость передачи*

transmission unit   *модуль для передачи*

transmission without line connection   *передача без линейного соединения*

transmit (vb.)   *передавать*

transmit (XMT) (vb.)   *передавать*

transmit off (X-OFF)   *символ 'передачу выключить'*

transmit on (X-ON)   *символ 'передачу включить'*

transmit-receive (TR)   [el.]   *прием/передача*

transmit-receive switch   [el.]   *ключ прием/передача*

transmit speed   *скорость передачи*

transmitter   *датчик, передатчик, преобразователь*

transmitter-receiver   *приемопередатчик*

transmitting apparatus   *аппаратура для передачи*

transmitting set   *передающий набор*

transmultiplexer   *трансмультиплексор*

transparency   *прозрачность*

transparent   *инвариантный, прозрачный, скрытый*

transponder   [el.]   *транспондер*

transport   *перемещение, перенос, протяжка*

transport (vb.)   *перемещать, переносить*

transportable   *переносимый*

transportable equipment   *переносимое оборудование*

transport layer   *уровень переноса*

transpose (vb.)   *перемещать, переставлять*

transputer   *транспьютер*

transreceiver   *приемопередатчик;* [prof.] *трансивер*

transversal line   [mat.]   *секущая линия*

trap   *внутреннее прерывание, ловушка, прерывание, реакция на особую ситуацию*

trap interrupt   *прерывание-ловушка*

trapping centre   [el.]   *центр захвата (в полупроводниках)*

travel   *перемещение*

traverse   *пересечение*

tray   *лоток*

tree structure   *древовидная структура*

trial   *испытание, опыт, проба*

trial-and-error method   *метод проб и ошибок*

trial production   *опытная продукция*

trial run   *испытательный запуск, пробный запуск*

trichromatic   *трехцветный*

trichromatic colour system   [tv]   *трехцветная система (телевидения)*

trichromatic system   *трехцветная система*

trichromatic unit   *трехцветный модуль*

trichromatism   *трехцветность*

trigger   [el.]   *триггер*

trigger (vb.)   *запускать, отпирать*

trigger impulse   [el.]   *триггерное возбуждение*

trigger pulse   [el.] *триггерный импульс*

trimmer   [el.] *триммер*

trimming   *подгонка, подстройка*

trimming capacitor   [el.] *подстроечный конденсатор*

trimming condenser   [el.] *подстроечный конденсатор*

trimscript   *индексная позиция (в АЛГОЛе-68)*

trinomial   [mat.] *трехчлен*

triode   [el.] *триод*

triple   *трехполюсный, утроенный*

triple-pole   *трехполюсник*

tristate   [el.] *с тремя состояниями*

Trojan horse   [prof.] *'Троянский конь'*

trolley   *тележка*

trouble   *нарушение (технологического процесса), неисправность, повреждение*

troubleshooting   *нахождение и устранение неисправностей*

troublesome (adj.)   *ненадежный*

true (adj.)   *истинный*

true value   *истинная величина*

truncate (vb.)   *(досрочно) завершать процесс вычислений; [mat.] отбрасывать, усекать*

truncation   *отбрасывание, усечение*

truncation error   *ошибка усечения*

trunk   *канал связи, магистраль, шина*

trunk network   [telecom.] *связная сеть*

truth function   [mat.] *истинная функция*

truth table   [mat.] *таблица истинности*

try (vb.)   *испытывать, пробовать, пытаться*

TSR (terminate and stay resident)   *завершить и остаться резидентным*

TTL (transistor transistorlogic)   [el.] *транзисторно-транзисторная логика (ТТЛ)*

TTY (teletypewriter)   *телетайп*

tube   *электронная лампа, электроннолучевая трубка*

tubeless   *безламповый*

tunability   *перестраиваемость*

tune (vb.)   *настраивать, регулировать*

tuning   *настройка*

tunneling   [el.] *туннельный переход, туннельный эффект*

tuple   *запись (в базах данных), упорядоченный набор; [mat.] кортеж (в базах данных)*

turbo   *турбо (приставка, означающая ускорение)*

Turing machine   *машина Тьюринга*

turn   *виток, вращение, оборот*

turn (vb.)   *вращаться, превращаться, преобразовывать*

turnaround time   *время полного оборота, время цикла*

turning point   *точка поворота*

turnkey system   *высоконадежная система, система, готовая к непосредственному использованию*

turn off (vb.)   *выключить*

turn on (vb.)   *включить*

turn out (vb.)   *исключить*

turtle graphics   *'черепашья' графика*

tutorial   *введение, учебник*

tutorial disk   *учебный диск*

TV   *телевидение*

TV monitoring   *телевизионный мониторинг*

tweezers   *пинцет*

twice   *дважды*

twist (vb.)   *крутить*

twist direction   *направление кручения*

twisted   *скрученный*

twisted pair   *скрученная пара (проводов)*

two-digit (adj.)   *двуцифровой*

two-dimensional (adj.)   *двумерный*

two-electrode tube   *двухэлектродная лампа*

two-figure (adj.)   *двухзначный*

two-track recording   *двухдорожечная запись*

two-way   *двусторонний, дуплексный*

two-way alternate communication   *полудуплексная связь*

two-way communication   *дуплексная связь*

two-way conversation   *двусторонний разговор*

two-way mode   *дуплексный режим*

two-way transmission   *дуплексная передача*

two's complement   [mat.] *(точное) дополнение в двоичной системе*
    счисления

type   *род, тип (данных);* [graph.] *литера, шрифт*

type (vb.)   *вводить, набирать, печатать*

type-ahead buffer   *буфер клавиатуры*

type ball   [type.] *шаровая печатная головка*

type bar   [type.] *печатающая штанга*

type bar printer   [type.] *принтер с печатающей штангой*

typeface   *начертание шрифта*

type font   [type.] *печатный шрифт*

typeover (vb.)   *заменять (знаки в тексте)*

typestyle   *стиль печати*

type wheel   [type.] *печатный валик*

typewrite (vb.)   *печатать на машинке*

typewriter   *печатная машинка*

typewriter desk   *настольная печатная машинка*

typewriter paper   *бумага для печатной машинки*

typewriter platen   *валик пишущей машинки*

typewriter ribbon   *лента для пишущей машинки*

typewriting paper   *бумага для печатной машинки*

typing   *набор на клавиатуре, печать*

typing position   *позиция печати*

typist's desk   *стол для машинистки*

typographic command   *типографская команда*

U

UA (user agent)   *пользователь*

UART (universal asynchronous receiver/transmitter)   *универсальный асинхронный приемопередатчик*

UC (upper case)   *верхний регистр*

UDP (user datagram protocol)   *пользовательский протокол дейтаграммного обмена*

ULA (uncommitted logic array)   [el.] *программируемая логическая матрица*

ultimate consumer   *потребитель конечного продукта*

ultrafiche   *ультрамикрофиша*

ultra-high-density microelectronics   *сверхвысокоплотная микроэлектроника*

ultrareliable (adj.)   *сверхнадежный*

ultraspeed (adj.)   *сверхбыстродействующий*

ultraviolet-erasable   *с ультрафиолетовым стиранием*

umbral   *релевантный (о документе при поиске информации)*

umlaut   [graph.] *умляут*

unallocated number   *освобожденный номер (ресурса)*

unary   *унарный*

unary operator   *унарный оператор*

unauthorized use   *несанкционированное использование*

unavailable   *не имеющийся в распоряжении*

unbalanced quotes   *незакрытые скобки*

unbiased estimator   [stat.] *несмещенная оценка*

unblanking   *отпирание*

unblocking   [el.] *разблокировка*

unbreakable cipher text   *шифрованный текст, не поддающийся расшифровке*

unbuffered   *небуферизованный*

uncertainty   *неопределенность, погрешность*

uncoded (adj.)   *некодированный*

uncommitted logic array (ULA)   [el.] *программируемая логическая матрица*

unconditional   *безусловный*

unconditional branch   *безусловный переход*

unconditional go-to statement   *оператор безусловного перехода*

unconditional jump   *безусловный переход*

unconditional jump instruction   *команда безусловного перехода*

unconditional statement   *безусловный оператор*

unconditional transfer   *безусловная передача управления, безусловный переход*

uncorrupted bit   *неискаженный бит*

uncountable   [mat.] *несчетный*

uncouple (vb.)   *разъединять, расцеплять*

uncoupling   *развязка*

undecidability   [log.] *неразрешимость*

undecipherable   *не поддающийся расшифровке, неразборчивый*

undelete (vb.)   *восстановить*

undercutting   [el.] *подтравливание*

underdamping   [el.] *недостаточное демпфирование, слабое затухание*

underflow   *отрицательное переполнение, потеря значимости*

underline (vb.) [graph.] *подчеркивать*

underlining [graph.] *подчеркивание*

underscore [graph.] *символ подчеркивания*

underscore (vb.) *давать заниженную оценку;* [graph.] *подчеркивать*

underscore key *клавиша подчеркивания*

undershoot *недоиспользование (возможностей системы), отрицательный выброс*

undetected error rate *частота необнаружения ошибок*

undetected failure time *неопределенное время отказа*

undo *откат (возврат к предыдущему состоянию)*

undo (vb.) *возвратить, отменить*

unequal *неравный*

uneven page [graph.] *неровная страница*

unfailing (adj.) *безотказный*

unformatted data file *файл неформатированных данных*

ungrounded [el.] *незаземленный*

unhooking *отключение*

unidirectional (adj.) *однонаправленный*

unification *унификация*

unified architecture *унифицированная архитектура*

uniform communication protocols *единый протокол передачи данных*

uniform distribution *однородное распределение*

uniform encoding *однородное кодирование*

uninterruptible power supply (UPS) *система бесперебойного электропитания*

union [mat.] *объединение*

unique (adj.) *уникальный*

uniselector *многопозиционный переключатель, шаговый искатель*

uniserial [mat.] *однорядный*

unit *единица, модуль*

unitary ratio [mat.] *единичная пропорция*

unite (vb.) *объединять, соединять*

unit element *единичный элемент*

unit interval [el.] *единичный интервал*

unitized *комплексный, унифицированный*

unit matrix [mat.] *единичная матрица*

unit of measurement *единица измерения*

unit of time *единица времени*

unit record equipment *оборудование модуля записи*

unit separator *единичный разделитель*

unit string *единичная строка*

universal *универсальный*

universal asynchronous receiver/transmitter (UART) *универсальный асинхронный приемопередатчик*

universal character set *универсальный набор символов*

universal keyboard *универсальная клавиатура*

universal language *универсальный язык*

universal product code (UPC) *универсальный код продуктов*

universal synchronous/asynchronous receiver/transmitter (USART) *универсальный синхронно-асинхронный приемопередатчик*

universal synchronous receiver/transmitter (USRT) *универсальный синхронный приемопередатчик*

unlabeled *непомеченный*

unload (vb.) *разгрузить*

unload and reload (vb.) *разгрузить и перегрузить*

unloaded field *незагруженное поле*

unloading-reloading *разгрузка-перезагрузка*

unlock (vb.) *отпирать*

unmake (vb.) *демонтировать*

unmanned *автоматический, необслуживаемый*

unmatched *несогласованный*

unnaming *разыменование (указателя)*

unpack (vb.) *распаковывать*

unprotected field *незащищенное поле*

unrecoverable *невосстановимая (ошибка)*

unrestricted data *незарегистрированные данные*

unset *возвращение в исходное состояние*

unsigned [mat.] *беззнаковый*

unsoldering [el.] *выпаивание (из схемы)*

unsolvable *неразрешимый*

untrue *неверный, неправильный*

unwanted condition *нежелательное состояние*

unwind *возврат в исходное состояние*

unwind (vb.) *разворачивать (цикл)*

unwinding *разворачивание*

unwrap (vb.) *развертывать*

up *вверх*

up arrow key *клавиша стрелка вверх*

UPC (universal product code) *универсальный код продуктов*

update *изменение, корректировка, модификация*

update (vb.) *изменять, модифицировать*

updating *изменение, корректировка*

upgrade (vb.) *наращивать вычислительные возможности, повышать, улучшать*

upkeep *содержание*

upload (vb.) *загружать (в главный компьютер)*.

upper case (UC) *верхний регистр*

upper case shift key *клавиша сдвига в верхний регистр*

upper memory *верхняя память*

upper passband [el.] *верхняя полоса частот*

upper right corner *верхний правый угол*

upright (adj.) *прямой*

UPS (uninterruptible power supply) *система бесперебойного электропитания*

upshifted character *буква верхнего регистра*

upshot *развязка*

uptime *время работоспособности вычислительной системы*

up-to-date *современный*

upward *вверх*

upward compatible *совместимый снизу вверх*

UR (utility register) *регистр общего пользования*

urgent *настоятельный, срочный*

usability *практичность, удобство использования*

USART (universal synchronous/asynchronous receiver/transmitter)
универсальный синхронно-асинхронный приемопередатчик

use   *употребление*

use (vb.)   *использовать, употреблять*

use, in   [telecom.] *находящийся в пользовании*

useful   *полезный, пригодный*

useful effect   *полезный эффект*

useful length   *полезная длина*

useful width   *полезная ширина*

useless   *бесполезный*

user   *пользователь*

user agent (UA)   *пользователь*

user area   *область пользователя*

usercode   *автокод*

usercoder   *транслятор с автокода*

user datagram protocol (UDP)   *пользовательский протокол дейтаграммного обмена*

user definable   *определимый пользователем*

user defined   *определяемый пользователем*

user environment   *пользовательская операционная среда*

user exit   *выход пользователя (из программы)*

user facility   *пользовательские средства*

user friendliness   *простота в обращении*

user-friendly   *удобный в пользовании*

user group   *группа пользователей*

user ID   *идентификатор пользователя*

user identification   *идентификация пользователя*

user instructions   *команды пользователя*

user interface   *пользовательский интерфейс*

user interface control   *управление пользовательским интерфейсом*

user library   *пользовательская библиотека*

user manual   *руководство пользователя*

user name   *имя пользователя*

user operating environment   *пользовательская операционная среда*

user-optimized   *оптимизированный к пользователю*

user-oriented   *ориентированный на пользователя*

user profile   *параметры пользователя*

user program   *программа пользователя*

user request   *запрос пользователя*

user service   *обслуживание пользователя*

user-system interface   *интерфейс пользовательской системы*

user terminal   *терминал пользователя*

user's file security   *безопасность пользовательских файлов*

user's guide   *руководство пользователя*

user's manual   *руководство пользователя*

USRT (universal synchronous receiver/transmitter)   *универсальный синхронный приемопередатчик*

utility   *сервисная программа, служебная программа, утилита*

utility program   *сервисная программа, служебная программа*

utility register (UR)   *регистр общего пользования*

utility routine   *сервисная процедура, служебная процедура*

vacancy   *вакансия*

vacuous   [log.] *вырожденный*

vacuum   *вакуум*

vacuum-deposited   *напыленный в вакууме*

valid   *допустимый, правильный*

validation   *аттестация, проверка достоверности*

validity   *достоверность, истинность;* [mat.] *точность*

validity check   *контроль истинности, проверка достоверности*

valley   *точка минимума (на вольтамперной характеристике)*

value   *величина, значение, оценка*

value added network (VAN)   *сеть с дополнительными услугами*

value added reseller (VAR)   *агенство по комплектации и перепродаже*

value added service (VAS)   *служба комплектации*

value of the data variable   *значение переменной величины*

value set   *набор значений*

valve   *электронная лампа*

VAN (value added network)   *сеть с дополнительными услугами*

VAR (value added reseller)   *агенство по комплектации и перепродаже*

VAR (variable)   *переменная*

VAR (virtual address register)   *регистр виртуального адреса*

variable (VAR)   *переменная*

variable data   *переменные данные*

variable length field   *поле переменной длины*

variable length record   *запись переменной длины*

variable-word-length   *слово переменной длины*

variance   *дисперсия, изменчивость*

variant   *вариант*

variate   *варьировать;* [stat.] *случайная величина*

variation   *изменение, перемена*

variety   *множество, разнообразие*

variplotter   *графопостроитель*

varistor   *варистор*

vary (vb.)   *изменяться, менять*

VAS (value added service)   *служба комплектации*

VCR (video cassette recorder)   *видеомагнитофон*

VDT (visual display terminal)   *терминал визуального отображения*

VDU (video display unit)   *устройство визуального отображения*

VDU (visual display unit)   *устройство визуального отображения*

VDU screen   *экран устройства визуального отображения*

vector display   *векторный дисплей*

vector font   *векторный шрифт*

vector generator   *векторный генератор*

vector graphics   *векторная графика*

vector processing   *векторная обработка*

vector processor   *векторный процессор*

vector representation   *векторное представление*

vendor   *фирма-поставщик*

ventilation   *вентиляция*

veracity   *достоверность*

verification   *контроль, проверка*
verification of keying   *контроль нажатия клавиши*
verify (vb.)   *контролировать, проверять*
verisimilar   *вероятный, правдоподобный*
verisimilitude   *вероятность, правдоподобие*
verity   *истина*
versatility   *разносторонность, универсальность, эксплуатационная гибкость*
version   *вариант, версия*
version number   *номер версии*
vertex   [graph.] *вершина (графа)*
vertical mode   *вертикальный режим*
vertical recording   *перпендикулярная запись*
vertical redundancy check (VRC)   *поперечный контроль по избыточности*
vertical software (VS)   *средства вертикального программирования*
very large database (VLDB)   *очень большая база данных*
very large scale integration (VLSI)   [el.] *сверхбольшая степень интеграции*
VGA (video graphics array)   *видеографический массив (дисплейный адаптер)*
viability   *жизнеспособность*
viahole   *сквозное отверстие;* [mat.] *межслойное соединение*
vibrate (vb.)   *вибрировать*
vibrating diaphragm   [el.] *вибрирующая диафрагма*
vibration   *вибрация*
vicinity   [mat.] *окрестность*
video   *телевизионный*
video board   *телевизионная плата*
video camera   *телевизионная камера*
video card   *телевизионная плата*
video cassette recorder (VCR)   *видеомагнитофон*
video data terminal   *видеотерминал*
videodisc   *видеодиск*
videodiskette   *видеодиск*
video display board   *плата видеодисплея*
video display card   *плата видеодисплея*
video display unit (VDU)   *устройство визуального отображения*
video gain   [tv] *коэффициент усиления видеосигнала*
video graphics array (VGA)   *видеографический массив (дисплейный адаптер)*
video graphics board   *видеографическая плата*
video information   *телевизионная информация*
videophone   *видеотелефон*
video recorder   *видеомагнитофон*
video signal   *телевизионный сигнал*
video tape recorder (VTR)   *видеомагнитофон*
videotex   [telecom.] *видеотекс, интерактивная видеография*
videowall   *настенный телевизионный экран*
view   *вид, представление*
view (vb.)   *осматривать, рассматривать*
viewdata (UK)   *видеотекс*
viewphone   *видеотелефон*

violation   *нарушение;* [mat.] *противоречие*

virgin medium   *неформатированный носитель данных*

virtual   *виртуальный*

virtual address   *виртуальный адрес*

virtual address register (VAR)   *регистр виртуального адреса*

virtual disk   *виртуальный диск*

virtual image   *виртуальное изображение*

virtual machine   *виртуальная машина*

virtual memory   *виртуальная память*

virtual storage   *виртуальная память*

virtual store   *виртуальная память*

virtual telecommunications access method (VTAM)   *виртуальный телекоммуникационный метод доступа*

virtual terminal   *виртуальный терминал*

virus protection program   *программа защиты от вирусов*

visibility   *видимость*

vision   *система технического зрения*

visual   *визуальный*

visual check   *визуальный контроль*

visual display terminal (VDT)   *видеотерминал*

visual display unit (VDU)   *устройство визуального отображения*

visualize (vb.)   *наглядно представлять*

visual task   *наглядная задача*

visual telephone   *видеотелефон*

VLDB (very large database)   *очень большая база данных*

VLSI (very large scale integration)   [el.] *сверхбольшая степень интеграции*

vocabulary   *лексика, словарь, терминология*

vocabulary control   *лексический контроль*

voice   *голос*

voice answer back   *голосовой ответ*

voice channel   [telecom.] *голосовой канал*

voice control   *голосовой контроль*

voice encoding   *преобразование голоса*

voice frequency   *частота голоса*

voice grade circuit   *цепь передачи звукового сигнала*

voice messaging   *голосовое сообщение*

voice operated   *управляемый голосом*

voice operated switching device   *устройство с голосовым управлением*

voice print   *печать с голоса*

voice recognition   *распознавание речи*

voice recognition system   *система распознавания речи*

voice response   *речевой отклик*

voice spectrum analyzer   *спектральный анализатор речи*

voice synthesis   *синтез речи*

voice transmission   [telecom.] *передача речи*

void   *непропечатка, пусто*

void (adj.)   *пустая операция*

volatile memory   *энергозависимая память*

volatile storage   *энергозависимая память*

volatile store   *энергозависимая память*

voltage   *электрическое напряжение*

voltage regulator   *регулятор напряжения*

voltage selector switch   *переключатель напряжения*

voltmeter   *вольтметр*

volume   *том, уровень громкости*

VRC (vertical redundancy check)   *вертикальный контроль по избыточности*

VS (vertical software)   *средства вертикального программирования*

VTAM (virtual telecommunications access method)   *виртуальный телекоммуникационный метод доступа*

VTR (video tape recorder)   *видеомагнитофон*

vulgar fraction   [mat.] *обыкновенная дробь*

wafer   *пластина, подложка*

wait   *ожидание*

waiting line theory   *теория ожидания*

waiting time   *время ожидания, период ожидания*

wait list   *список очередности (выполнения заданий)*

wait state   *состояние ожидания*

walk-down   *уход параметров*

walkthrough   *критический анализ, сквозной контроль*

wall outlet   *стенная розетка*

wall socket   *стенная розетка*

WAN (wide area network)   *глобальная (вычислительная) сеть*

wand   *пробник, цифровой зонд*

warm boot   *'теплый' перезапуск*

warming   *нагревание*

warming-up   *прогрев (аппаратуры)*

warning   *предупреждающее сообщение*

waste   *(неисправимый) брак*

wasted time   *потерянное время*

watchdog   *самоконтроль (аппаратуры), сторожевая схема*

wave   *волна, сигнал*

waveform   *временная диаграмма (прохождения сигнала), форма волны, форма колебания*

wavefront   *волна (данных), граница соединений (при трассировке больших интегральных микросхем), фронт (волновой обработки данных)*

waveguide   *волновод, световод*

wavelength   *длина волны*

WC (write control)   *контроль записи*

weak   *слабый*

wear   *изнашивание*

wear and tear   *изнашивание, износ*

wearing surface   *поверхность износа*

wear-resistant (adj.)   *износоустойчивый*

weaving   *прошивка (матрицы ЗУ)*

weight of paper   *масса бумаги*

welcome frame   *кадр приветствия*

what you see is what you get (WYSIWYG)   *что видишь на экране, то и получишь на бумаге (принцип работы графических текстовых процессоров)*

wheel printer   *колесное печатающее устройство*

whisker   *контактный волосок, точечный контакт*

white noise   *белый шум*

wholeness   [cyber.] *целостность*

wide area network (WAN)   *глобальная (вычислительная) сеть*

wideband (adj.)   *широкополосный*

wideband network   *широкополосная сеть*

widow   [graph.] *'висячая' строка*

width   *ширина*

wild card   *джокерный символ, универсальный символ (при поиске по образцу)*

Winchester disk   *винчестерский диск*

wind (vb.)   *наматывать, перематывать*

window   *окно*

windowing   *кадрирование, обработка методом окна, организация окон, организация полиэкранного режима*

windowing system   *система управления окнами (на экране дисплея)*

windows program   *программа, работающая с окнами*

window title   *заголовок окна*

wind up (vb.)   *перематывать*

wire   *проводник, проволока*

wire (vb.)   *монтировать провод, скреплять проволокой, телеграфировать*

wire diagram   *коммутационная схема*

wireless transfer   *беспроволочная передача*

wireless transmission   *беспроволочная передача*

wirewound   *с проволочной обмоткой*

wire wrap   [el.] *монтаж (проводов) накруткой*

wiring   *монтаж*

wiring diagram   *монтажная схема*

withdrawal   *извлечение, отбой во время набора номера*

without current   *обесточенный*

withstand (vb.)   *противостоять*

withstandability   *стойкость*

wobbling   [el.] *качание (частоты);* [phys.] *фликкер-шум*

word   *слово*

word addressable   *пословно адресуемый*

word computer   *компьютер с пословной обработкой информации*

word cruncher   [prof.] *словодробитель (сверхбыстродействующий вычислитель)*

word length   *длина слова*

word-oriented hardware   *аппаратные средства с пословной обработкой*

word processing (WP)   *подготовка текстов*

word processing program   *программа подготовки текстов*

word processing system   *система подготовки текстов*

word processor   *текстовой процессор*

word separator   *разделитель слов*

word template   *шаблон слова*

word wrap   *(автоматический) переход на новую строку*

work (vb.)   *работать*

work area   *рабочая область*

work disk   *рабочий диск*

workfile   *рабочий файл*

working area   *рабочая область*

working copy   *рабочая копия*

working language   *рабочий язык*

working memory   *рабочая память*

working storage   *рабочая память*

working store   *рабочая память*

worksheet   *рабочая таблица, рабочий лист*

work space   *рабочее пространство*

workstation   *автоматизированное рабочее место, рабочая станция*

WORM (write once - read many)   *с однократной записью и многократным считыванием (о типе памяти)*

worn (adj.) *поношенный*

worn down *изношенный*

worn out *изношенный*

WP (word processing) *подготовка текстов*

wrap around *заворачивание (строки, достигшей конца экрана), циклический возврат*

wrapped connection [cl.] *соединение накруткой*

wrapping *защитное покрытие (кабеля);* [cl.] *обертывание*

wreck *поломка*

writable *перезаписываемый*

write (vb.) *записывать*

write control (WC) *контроль записи*

write enable ring *кольцо разрешения записи*

write error *ошибка записи*

write head *головка записи*

write lock *блокировка записи*

write once - read many (WORM) *с однократной записью и многократным считыванием (о типе памяти)*

write protect *защита от записи*

write protection *защита от записи*

write protect notch *метка защиты записи*

writer-reader *устройство записи-считывания*

write-through *сквозная запись*

write time *время записи*

writing *документ, запись*

writing head *головка записи*

writing paper *бумага для записи*

wrong entry *неверный ввод (данных)*

WYSIWYG (what you see is what you get) *что видишь на экране, то и получишь на бумаге (принцип работы графических текстовых процессоров)*

X

x-axis   [mat.] *ось X*

xerocopy   *ксерокопия*

xerographic printer   *ксерографический принтер*

xerox   *ксерокс*

xerox (vb.)   *ксерокопировать*

x-height   *максимум по X*

XMT (transmit) (vb.)   *передавать*

X-OFF (transmit off)   *символ 'передача выключена'*

X-ON (transmit on)   *символ 'передача включена'*

x-y plotter   *координатный графопостроитель, координатный плоттер*

Y

Y (yes)   *да*

y-axis   [mat.]   *ось Y*

year of production   *производственный год*

yield (vb.)   *возвращать (значение), выдавать (импульс)*

Z

z-axis [mat.] *ось Z*

zero *нулевой, нуль*

zero (vb.) *обнулять*

zero address instruction *безадресная инструкция*

zero adjusting *нуль-регулировка*

zero bit *нулевой бит*

zero check *нуль-контроль*

zero compression *нулевое сжатие*

zero conductor [el.] *нулевой проводник*

zero correction *нуль-коррекция*

zero-fill (vb.) *заполнить нулями*

zero frequency *нулевая частота*

zero grounding [el.] *нулевое заземление*

zero insertion force socket *гнездо с захватными контактами*

zeroize (vb.) *устанавливать на нуль*

zeroizing fault *ошибка обнуления*

zero point *нулевая точка*

zero position *нулевая позиция*

zero setting *установка нуля*

zero suppression *отбрасывание незначащих нулей*

zeroth [mat.] *зануление*

zero value *нулевая величина*

zero wire [el.] *нулевой провод*

zero word *нулевое слово*

zigzag *зигзаг, соединение зигзагом*

zone bit *код буквенно-цифрового знака (на перфокарте)*

zoom *детализировать изображение*

zoom (vb.) *увеличивать масштаб изображения*

zorch (vb.) [prof.] *работать с огромной скоростью*

MIP/L&H

BUILDING &
CONSTRUCTION
DICTIONARY

ENGLISH-RUSSIAN

АНГЛО-РУССКИЙ
СЛОВАРЬ
ПО
СТРОИТЕЛЬСТВУ
И
АРХИТЕКТУРЕ

Moscow International Publishers
in cooperation with
L&H Publishing Co., Copenhagen

MIP/L&H

BUSINESS DICTIONARY

ENGLISH-RUSSIAN

АНГЛО-РУССКИЙ

БИЗНЕС
СЛОВАРЬ

Moscow International Publishers
in cooperation with
L&H Publishing Co., Copenhagen